Nos 96-97.

"Pages actuelles"
1914-1916

LE JUGEMENT DE L'HISTOIRE

SUR LA

Responsabilité de la Guerre

PAR

Tommaso TITTONI

Sénateur, Ambassadeur d'Italie à Paris

AVEC PRÉFACE DE

M. Gabriel HANOTAUX

de l'Académie Française

BLOUD et GAY, Éditeurs
PARIS - BARCELONE

LE JUGEMENT DE L'HISTOIRE

SUR LA

Responsabilité de la Guerre

"*Pages actuelles*"
(1914-1916)

LE JUGEMENT DE L'HISTOIRE
SUR LA
Responsabilité de la Guerre

PAR

Tommaso TITTONI
Sénateur, Ambassadeur d'Italie à Paris

AVEC PRÉFACE DE

M. Gabriel HANOTAUX
de l'Académie Française

BLOUD & GAY
Editeurs
PARIS, 7, Place Saint-Sulpice
Calle del Bruch, 35, BARCELONE
1916
Tous droits réservés

PRÉFACE

L'honorable Tittoni, député, préfet, membre du Sénat, ministre des affaires étrangères, ambassadeur, est un homme qui sait la politique sur le bout du doigt; il a le savoir et le savoir-faire, la main et le tact, c'est un humaniste intellectuel et un praticien : il représente excellemment la génération italienne actuelle, celle qui, ayant reçu, de ses prédécesseurs, l'Italie libre et unie, compte bien laisser, aux générations futures une « plus grande Italie. » Les aînés de cette génération furent les hommes d'Etat, que j'ai connus et aimés : Visconti Venosta, le marquis di Rudini, Ressmann, Tornielli. Chez tous j'ai rencontré ces traits communs : la loyauté dans la réserve, le bon sens froid, une sorte de méfiance instinctive des grands mots et des grands gestes.

M. Tittoni, connaissant à fond, comme parlementaire et administrateur, les choses de son pays, fût porté au ministère des Affaires Etrangères et à l'ambassade de Paris pour prendre contact avec les choses européennes. Ainsi s'achevait l'homme d'Etat complet.

Nous l'avons connu, avant la crise, diplomate vigilant et un peu fermé, pesant ses paroles, se mêlant à notre existence avec une grâce retenue, promenant sur la société parisienne le regard aigu et prompt de quelqu'un qui ne se laisse pas surprendre. Rien du diplomate gourmé. Son acuité intellectuelle se tempérait d'une charmante bonhomie. Nulle pose, nul apprêt... Les véritables valeurs se permettent cette souple familiarité qui, en souriant sait se faire respecter. C'est cet homme qui avait pour mission de renseigner l'Italie sur la France au moment où les affaires internationales se compliquaient visiblement.

Je ne doute pas que l'ambassadeur Tittoni, une fois habitué à nos façons d'être, ne se soit rendu compte de la force réelle que célait notre aisance sous les apparences d'un certain flottement. Libéral, les mœurs de la liberté, ne l'étonnent pas. Il vît bien que la République Française a des traditions politiques vigoureuses, des solides appuis, des larges ressources et une puissance militaire enviable ; tout cela s'accumulant sur la valeur totale de la civilisation française.

Expert en réalités, il porta, sans doute, sur l'autorité de la politique française en Europe et sur la balance des forces européennes, un jugement sûr. Car nous le trouvons maître de sa pensée et de son choix, quand la crise actuelle fut en perspective.

La foule ne se doutait de rien ; elle poursuivit sa vie laborieuse et insouciante quand les vigies voyaient monter l'orage. Les Italiens, en particulier, de bonne heure, carguèrent la voile. Ils savaient que leur pays serait en cas de tempête, balloté entre les courants contraires.

L'Italie faisait partie de la Triple Alliance : sa position n'en était que plus périlleuse.

Elle n'ignorait pas que la Prusse, pour écarter la rivalité de l'Autriche sur les territoires allemands, poussait cette puissance vers les Balkans et vers l'Adriatique; mais si une telle politique l'emportait, l'Italie était la dupe du marché. Elle avait contracté l'alliance pour l'équilibre européen et pour la paix : que ferait-elle si on la mettait en présence de la déchéance et de la guerre ?

Heureusement, la prudence italienne avait pris ses précautions.

L'article 7 du traité de la Triple Alliance visait le cas d'une intervention autrichienne dans les Balkans. Au fond, le traité n'était fait que pour cela.

Voici cet article, dont on admirera la force et la précision : « L'Autriche-Hongrie et l'Italie,
« visant seulement à la conservation du *statu quo*
« en Orient, s'obligent à faire valoir leur influence
« afin d'*éviter tout changement territorial*, préju-
« diciable à l'une ou à l'autre des puissances con-
« tractantes.

« *Ces puissances se donneront réciproquement*
« *les explications* susceptibles d'éclairer leurs
« intentions respectives de même que celles des
« autres puissances, si au cours de certains événe-
« ments le maintien du *statu quo* du territoire
« balkanique, des côtes ou des îles ottomanes
« dans l'Adriatique et dans la mer Egée, deve-
« nait impossible et si cette situation était la con-
« séquence d'une troisième puissance ou avait une
« cause qui dût contraindre l'Autriche ou l'Italie,
« à changer le *statu quo* par une occupation tem-
« poraire ou durable.

« Cette occupation ne pourra avoir lieu
« *qu'après des accords préalables* entre les deux
« puissances sur la base du principe du consente-
« ment réciproque, pour tous les avantages terri-
« toriaux ou d'un autre ordre que l'une d'elle
« viendrait à obtenir, modifiant le *statu quo et de
« manière à satisfaire les prétentions justifiées*
« des deux parties. »

A partir de l'heure où les ambitions de l'Autriche entraient en action et portaient atteinte au *statu quo* territorial dans les Balkans en fonçant sur la Serbie et sans explications ou arrangement préalable avec l'Italie, cette puissance avait à choisir : ou sacrifier ses intérêts ou sacrifier l'alliance.

Rompre l'alliance, c'était renoncer à un système remontant à de longues années, renouvelé récemment, présentant les apparences de la sécurité et du faste, commode pour les habitudes, écartant un risque grave et qui par dessus le marché et à cause de tout cela, avait endormi l'Italie et la laissait désarmée.

De l'autre côté, l'honneur et l'avenir, mais le risque.

Car la situation était telle que faire un pas en arrière c'était faire volte-face. Dans la crise qui allait diviser l'Europe, une grande puissance était obligée de se prononcer sous peine d'être exclue du règlement final et d'avoir pour ennemis les deux camps.

L'Italie fut mise au pied du mur, quand un an et demi avant la guerre, l'Autriche-Hongrie à propos de l'incident de Scutari, menaça le Monténégro : c'était l'hégémonie austro-hongroise glissant son ombre sur les Balkans.

Grand fut l'émoi à la *Consulta*. On interrogea les ambassades. Prêt, comme il était, Tittoni n'hésita pas. A la question il fit une réponse qui est un chef-d'œuvre de perspicacité et de résolution. Entre l'Alliance et les intérêts de l'Italie, l'ambassadeur conseille de sacrifier l'Alliance... Songez que les autres puissances européennes se réservaient encore, et que l'Italie était seule alors.

Rappelons le texte de cette dépêche mémorable, rendu public par l'ambassadeur lui-même dans son discours prononcé au Trocadéro le 24 juin 1915 :

« *Les artifices auxquels ont recours les ambassadeurs d'Autriche-Hongrie et d'Allemagne en s'attachant à la lettre de l'article 7 du traité d'alliance n'ont pas la moindre valeur. L'esprit de cet article est clair et, du reste, n'importe quel trouble de l'équilibre italo-autrichien porterait atteinte non seulement à l'article 7, mais au traité d'alliance tout entier. Le jour où l'Autriche prétendrait troubler de n'importe quelle façon et dans n'importe quelle mesure l'équilibre de l'Adriatique, la Triple Alliance aurait cessé d'exister.* »

Ceci est écrit en avril 1913. A partir de cette date la crise est ouverte. A partir de cette date l'Italie qui suit le conseil donné par son ambassadeur a cessé, en fait, d'appartenir à la Triple Alliance.

Voilà de ces fortes volontés, génératrices d'actions.

Les événements se déroulent ensuite selon la logique de la destinée. L'homme qui avait donné le coup de barre à l'heure critique ne devait pas se laisser égarer une seule fois. Il sait que l'orage viendra du côté de la Serbie. Il le dit, le répète, et tient tout le monde en éveil. Et quand un incident tragique, le meurtre de l'archiduc François-Ferdinand fournit à l'Autriche le prétexte qu'elle cherchait, il donne à son pays, dans une belle détente d'intelligence, le conseil suprême.

Il télégraphie le 26 juillet 1914 ces brèves paroles, lourdes de sens et de responsabilité :

« Je suis d'avis que par devoir de loyauté, nous
« devons déclarer tout de suite à Berlin et à
« Vienne que l'ultimatum présenté à Belgrade à
« notre insu, et sans qu'il fut précédé par des
« démarches diplomatiques, constitue une vraie
« provocation à la guerre de la part de l'Autri-
« che-Hongrie.

« Partant le pacte de la Triple-Alliance ne
« serait plus applicable même si la Russie pre-
« nait part à la guerre (c'est-à-dire en cas de
« guerre générale). Il faut le déclarer tout de
« suite. »

On ne dira pas de ce diplomate qu'il « se couvre ». Quel plaisir à voir ainsi à l'œuvre ces belles natures aux souples articulations !

Les paroles de l'Ambassadeur s'inspiraient uniquement de la dignité et des intérêts de l'Italie; conformes aux sentiments du Roi et du Gouvernement, pleines de franchise et de sagesse, même vis-à-vis des alliés si ceux-ci eussent été en état de les comprendre et de les écouter, portant en germe la neutralité de l'Italie d'abord, puis sa participation à la guerre auprès des Puissances de l'Entente, enfin la déclaration de guerre de l'Italie à l'Allemagne.

Car, voilà ce qui ne pouvait échapper à la pénétration des hommes d'Etat italiens; les ambitions austro-hongroises ne sont que les succédanées des ambitions allemandes.

C'est parce que la Prusse veut être seule en Allemagne qu'elle rejette l'Autriche vers le monde slave; c'est l'Allemagne qui a tendu le piège dans lequel aurait été prise l'Italie si elle n'avait pas su le briser; c'est l'ambition germanique qui veut Trieste. L'Autriche n'est que l'instrument.

On ne fait pas au pangermanisme sa part. L'hégémonie allemande avait des ambitions balkaniques et méditerranéennes comme elle avait des ambitions mondiales.

Il n'y a plus de compromis possible avec l'Allemagne. Il faut qu'elle subisse les volontés générales de l'Europe, puisqu'elle n'a pas voulu être « bonne européenne ». Le système bismarkien est par terre; il faut maintenant, détruire le militarisme orgueilleux de Guillaume II, l'extirper jusque dans sa racine.

Je compte que, l'heure venue, Tittoni sera un ferme jardinier du jardin de la victoire.

... maturae vinitor uvae.

Ainsi une courte et brève phase de la vie d'un homme aura vu les plus graves problèmes se poser et se résoudre. Il n'est pas une ligne des discours publiés dans le présent volume qui ne mérite une lecture attentive et réfléchie.

Aussi, c'est pour moi une véritable joie intellectuelle et cordiale d'avoir à les présenter au public français.

L'honorable Tittoni en me priant de le faire, m'a rendu un honneur et donné une preuve d'amitié dont je sais tout le prix.

Paris le 10 septembre 1916.

Gabriel HANOTAUX.
de l'Académie française.

LE JUGEMENT DE L'HISTOIRE
SUR LA
RESPONSABILITÉ DE LA GUERRE

DISCOURS

prononcé au Trocadéro le 24 juin 1915.

Mesdames et Messieurs (1),

Avant de venir ici, j'ai reçu un ordre du jour ainsi conçu :

« *La Leonardo da Vinci*, association italienne de secours mutuels et d'instruction, tient à déclarer publiquement, avec la majorité des associations italiennes de Paris, que le silence et le recueillement s'imposent pendant que le canon gronde et que nos frères se battent ; on se préparera ainsi plus dignement à honorer les victimes et les héros le jour de la victoire finale. »

Eh bien ! moi aussi je pense de même : la guerre actuelle est une chose sérieuse, très sérieuse, et doit être affrontée sérieusement par un peuple. Pas de démonstrations, pas de foules

---

(1) Cette matinée du Trocadéro, destinée à commémorer l'anniversaire de Solférino, avait été organisée par la Ligue franco-italienne et les Amis de Paris. Le Président de la République avait tenu à y assister.

tumultueuses, pas de harangues d'orateurs improvisés, pas d'exagérations des journaux pour chaque succès ; et en même temps pas de trouble, pas de confusion pour chaque insuccès, mais une attitude calme, résolue, disciplinée, constamment et également sereine.

Telle a été l'attitude que le peuple français a tenue depuis le commencement de la guerre, et qui constitue pour lui un de ses plus grands titres à l'admiration générale.

Aujourd'hui, l'attention du public n'est pas tournée vers ceux qui parlent, mais vers ceux qui se battent. La figure de Tyrtée est imposante, parce qu'il fut en même temps poète et guerrier. Un Tyrtée qui, le jour de la bataille, n'aurait pas été aperçu dans l'ardeur de la mêlée et qui n'aurait pas pu montrer des blessures glorieuses, aurait été peu intéressant et vite oublié.

C'est à cause de cela que je ne pensais pas parler aujourd'hui. Mais puisque vous, monsieur le président de la Chambre, vous, l'élu des élus de la nation française, en honorant cette réunion de votre présence, vous avez voulu, pour rendre hommage à l'Italie, y apporter aussi votre parole, qui, prenant les formes les plus sobrement exquises de l'art, sait en même temps persuader, émouvoir et entraîner les âmes, il ne m'était pas possible de me borner à partager avec cet auditoire si distingué et nombreux le plaisir et le charme qu'on éprouve en vous écoutant. Il était naturel, il était de mon devoir de me lever après vous, animé des mêmes sentiments, pour rendre hommage à vous et à la France.

Déjà vous aviez parlé noblement et éloquemment de l'Italie à cette séance solennelle de la Chambre, dans laquelle tous les députés, s'étant levés, se tournèrent vers la tribune diplomatique, où j'étais, et acclamèrent avec enthousiasme l'Italie dans la personne de son représentant. Cette manifestation éclatante fut renouvelée peu après par les sénateurs dans la séance qui fut tenue par la haute Assemblée en l'honneur de l'Italie.

Je n'étais constitutionnellement qu'un simple spectateur et je dus rester tel devant ces manifestations inoubliables ; mais aujourd'hui que j'ai le plaisir de me trouver avec vous et de voir ici avec vous M. le président du Sénat, je tiens à vous exprimer l'émotion que j'ai ressentie dans ce moment et que je dus, malgré moi, contenir et réprimer.

Monsieur le Président,

Vous avez rappelé avec affection mon pays, vous avez acclamé son roi, vous avez loué l'œuvre de ses gouvernants. Votre phrase inspirée trouvera chez tous les Italiens cette correspondance de vive sympathie qu'elle trouve maintenant dans mon âme. Vous avez voulu ensuite dire synthétiquement dans une phrase avec quel esprit et avec quelles intentions j'ai pratiqué la Triple-Alliance dans les années pendant lesquelles je dirigeais la politique étrangère italienne, intentions bien entendu visibles à tous, car il n'y en eut jamais d'occultes ; intentions connues de tous et affirmées à la lumière du soleil, résultant de mes déclarations répétées et explicites au Parlement italien. Votre synthèse a été si heureuse que je n'ai rien à y ajouter.

J'en référerai seulement et brièvement aux événements actuels pour démontrer que la politique italienne conserve les buts qu'elle s'est toujours proposés et maintient la cohérence et la limpidité qui l'ont distinguée dans le passé.

Déjà le ministre des Affaires étrangères, M. Sonnino, dans sa circulaire aux puissances, qui fut une affirmation très efficace de notre bon droit, et le président du Conseil, M. Salandra, par son discours si élevé du Capitole, qui eut un écho profond dans tout le monde civilisé, démontrèrent que l'agression préparée et perpétrée par l'Autriche-Hongrie, à notre insu, contre la Serbie, fut une telle offense à l'esprit et à la lettre de l'Alliance, qu'on pouvait bien dire qu'après cette agression il ne restait plus rien de l'alliance même.

On a cherché à détourner l'attention des vraies causes de la présente guerre, en disant qu'elle devait fatalement éclater par suite de la concurrence commerciale entre l'Allemagne et l'Angleterre, sur tous les marchés du monde. Mais ceci est un de ces lieux communs qu'on entend répéter partout, et dont personne ne serait en mesure de faire la démonstration. Si cela était vrai, puisque la concurrence entre les nations dans le champ des industries et du commerce est un élément essentiel du progrès universel et une condition de l'existence et du développement de tous les peuples, il faudrait en conclure qu'il est impossible que les nations puissent vivre et progresser pacifiquement et que la guerre doit être l'état normal, l'instrument nécessaire de leur évolution. Et ceci ne serait qu'un blasphème.

D'ailleurs, contre une telle affirmation il y a le fait qu'au moment de la déclaration de guerre, l'Allemagne avait défini tous les conflits de nature politique et économique avec les puissances rivales. Elle avait déjà conclu l'accord avec la France pour le Maroc, l'accord avec la Russie pour les chemins de fer de la Perse, et l'accord avec l'Angleterre et la France pour le chemin de fer de Bagdad et les chemins de fer de l'Asie-Mineure, auquel il ne manquait que l'adhésion de la Turquie. Ainsi, par une étrange contradiction, par une cruelle ironie, la guerre a éclaté non pas pendant que s'agitaient entre l'Allemagne et les autres nations des conflits d'intérêts, mais seulement après que toutes les questions qui, impliquant des questions d'intérêts, auraient pu la provoquer, avaient été pacifiquement réglées. La guerre fut donc inutile, absurde, injuste.

Non, ce n'est pas la concurrence économique qui provoque la guerre entre les nations. Trop souvent c'est le caprice, l'orgueil, le désir immodéré d'hégémonie et de domination, le mépris des traités, le dédain du principe des nationalités, l'insolence des grands Etats envers les petits, qui, s'il existe une justice, doivent, comme les grands, avoir droit au respect de leur indépendance et de leur intégrité.

Dans plusieurs manifestations officielles allemandes, j'ai lu la phrase suivante : *Cette guerre que nous ne voulions pas et qui nous fut imposée.*

Mais imposée par qui, comment, quand ?

Dans le message impérial allemand on disait que l'Allemagne était obligée de déclarer la guerre pour ne pas abandonner l'Autriche-Hongrie, son alliée. Donc, une seule cause a déchaîné la guerre, et ce fut l'inqualifiable tentative de vexation et d'oppression de l'Autriche-Hongrie contre la Serbie. Le premier ministre hongrois le comte Tisza, dont la figure énergique fait pâlir celle du comte Berchtold, disparu comme un fantôme de la scène internationale, eut à invoquer dans un de ses discours la malédiction sur celui qui avait provoqué la guerre. Ne craignait-il pas, à ce moment, que son invocation ne pût attirer sur sa tête les foudres de la justice divine ?

L'ultimatum fut présenté par l'Autriche-Hongrie à la Serbie avec une telle outrecuidance et un tel mépris de toute forme, que j'eus à dire au comte Szecsen, lorsqu'il quitta Paris, qu'il me semblait qu'à l'Autriche-Hongrie il ne suffisait pas d'avoir tort, mais qu'elle avait tenu à ce que son tort apparût aux yeux du monde entier comme le plus grave possible.

L'ultimatum fut considéré par l'Italie comme un danger pour les intérêts italiens et comme contraire au pacte de l'alliance. On en a paru fort surpris en Autriche-Hongrie. Mais pour justifier cette stupeur, il faudrait donner à la phrase sculpturale de l'honorable M. Salandra, sur la médiocrité des hommes d'Etat sur lesquels pèse la responsabilité de la guerre la plus terrible qu'on ait jamais vue au monde, une extension qui irait bien au delà de sa pensée. Qu'on relise toutes les manifestations des hommes qui en Italie se succédèrent à la direction de la politique étrangère, et on trouvera qu'ils ont affirmé unanimement, pendant une longue série d'années, que la raison d'être de l'Italie dans la Triple-Alliance était la conservation de la paix européenne et de l'équilibre entre l'Italie et l'Autriche-Hongrie dans l'Adriatique.

Quant à moi, lorsque pour la première fois je me présentai au Parlement italien en qualité de ministre des Affaires étrangères, j'eus à dire que nous restions dans la Triple-Alliance parce qu'elle nous apparaissait comme une garantie certaine de paix et parce qu'elle ne nous empêchait pas de cultiver des rapports d'amitié cordiale avec l'Angleterre et avec la France.

Dans le dernier discours politique que je prononçai avant de quitter le pouvoir, j'eus à m'exprimer en termes presque identiques, qui démontrent le caractère de continuité et de cohérence que la politique italienne a toujours eu. Quant aux questions balkaniques, n'ai-je pas publiquement affirmé, après l'entrevue d'Abbazia avec le comte Goluchowski, qu'elles devaient être résolues sur la base du principe des nationalités ?

Le baron d'Aehrenthal (1), avec sa renonciation au droit de garnison dans le Sandjak, sanctionné par l'article 25 du traité de Berlin, renonciation qui fut la contre-partie de l'annexion de la Bosnie-Herzégovine et sans laquelle la première guerre balkanique n'aurait pas été possible, n'avait-il pas abandonné avec cela, implicitement et par la suite logique des choses, le programme de l'expansion territoriale en Orient de

(1) Depuis Comte d'Aehrenthal.

l'Autriche-Hongrie ? Et dans le communiqué donné à la presse après l'entrevue de Racconigi entre le tsar et le roi d'Italie, est-ce que je n'affirmai point que la Russie et l'Italie se trouvaient d'accord pour favoriser le développement des Etats balkaniques et que telle était aussi l'entente entre l'Autriche-Hongrie et l'Italie ?

L'attitude de l'Italie envers les Etats balkaniques a été constamment pareille, et aujourd'hui, pendant que fermente encore le levain des jalousies et des rivalités qui leur enlève la vision de leurs véritables intérêts, les paroles que je prononçai à la Chambre italienne en 1908 ont toujours une saveur d'actualité :

L'œuvre de l'Italie, disais-je, tend au bien-être des Slaves, des Hellènes, des Roumains, de toutes les nationalités qui peuplent la péninsule balkanique. Une seule chose nous attriste : leurs luttes sanguinaires ; une seule chose nous désirons sincèrement : leur concorde et leur progrès.

L'honorable M. Salandra, dans son discours, a mis en relief que dès le 25 juillet 1914, c'est-à-dire à peine l'ultimatum autrichien connu, le marquis de San Giuliano déclarait à l'Autriche-Hongrie qu'elle n'aurait pas eu le droit de présenter l'ultimatum sans un accord préventif avec ses alliés. Mais si on publiait un Livre Vert qui remontât au moins au commencement de la première guerre balkanique, on verrait que toutes les fois que l'Autriche-Hongrie a cherché à développer une action isolée dans les Balkans, les avertissements et les mises en demeure de la part de l'Italie n'ont pas manqué.

Déjà M. Giolitti a fait connaître avec opportunité à la Chambre italienne qu'un an avant la guerre l'Italie avait eu connaissance des projets d'agression de l'Autriche-Hongrie envers la Serbie et avait nettement refusé son consentement. Mais antérieurement à cet épisode, il y a des précédents très importants parmi lesquels j'en choisirai seulement deux.

Après les victoires des Etats alliés, dans la première guerre balkanique, contre la Turquie, l'Autriche-Hongrie comprit qu'il était impossible de s'opposer à l'agrandissement territorial des Etats balkaniques. Pourtant en novembre 1912, elle s'adressa à l'Italie et lui demanda d'adhérer au programme austro-hongrois qui était de permettre à la Serbie de s'agrandir à la condition qu'elle donnât à l'Autriche-Hongrie certaines garanties. L'Italie, en donnant son adhésion, déclara la subordonner expressément à la condition que ces garanties ne dussent en aucun cas constituer un monopole au profit exclusif de l'Autriche-Hongrie ni diminuer l'indépendance de la Serbie. L'Autriche-Hongrie se réserva d'étudier et de nous faire connaître les garanties en question, mais ses ouvertures n'eurent pas de suite.

Peut-être ces intentions pacifiques furent-elles graduellement remplacées par des intentions agressives qui mûrissaient lentement.

Peu nombreux cependant sont ceux qui savent que, quelques mois après, l'Autriche-Hongrie, avec la menace de l'occupation du Monténégro, fut sur le point de créer entre elle et l'Italie une situation analogue à celle créée plus tard par l'agression contre la Serbie.

Je puis en parler avec le consentement du ministre des Affaires étrangères, parce qu'il s'agit d'une période qui, quoique récente, est désormais acquise à l'Histoire.

Le 30 avril 1913, quand les puissances n'avaient pas encore décidé l'occupation internationale de Scutari, le marquis de San Giuliano me télégraphiait ce qui suit :

Si la délibération que prendra la réunion des ambassadeurs ne donne pas satisfaction à l'Autriche-Hongrie, si un accord pour une action italo-autrichienne n'est pas possible et si l'Autriche-Hongrie agit contre le Montenegro sans notre approbation, une situation délicate et difficile se déterminera pour maintenir l'accord italo-autrichien et l'intégrité de l'alliance. Je prie Votre Excellence de me télégraphier tout de suite son avis autorisé sur la conduite à tenir. L'Italie ne devant pas apparaître inerte, devrait, tandis que l'Autriche opère au nord, opérer au sud en débarquant temporairement dans une localité opportune, et cette opération devrait être considérée comme accomplie par l'Italie, dans des conditions à peu près analogues à celles dans lesquelles se trouve l'Autriche-Hongrie envers l'Italie. En dehors de cette solution, je ne vois qu'une situation dans laquelle nous serions obligés de suivre une politique en opposition à celle de l'Autriche-Hongrie.

SAN GIULIANO.

Au télégramme du marquis de San Giuliano, je répondis aussitôt dans les termes suivants :

Si l'Autriche veut occuper tout ou partie du Montenegro, nous devons aller à Durazzo et à Vallona, même sans son consentement. En effet, l'Autriche-Hongrie, en occupant le Montenegro accomplirait un acte qui n'est pas nécessaire pour l'exécution des décisions des puissances au sujet de Scutari, et par suite, se mettrait la première en dehors des décisions des puissances en agissant pour son propre compte sans nécessité et en troublant à notre préjudice l'équilibre de l'Adriatique, puisque même une occupation temporaire troublerait cet équilibre. D'autre part, les artifices auxquels ont recours les ambassadeurs d'Autriche-Hongrie et d'Allemagne, en s'attachant à la lettre de l'article 7 du traité d'alliance, n'ont pas la moindre valeur. L'esprit de cet article est clair, et du reste n'importe quel trouble de l'équilibre italo-autrichien porterait atteinte non seulement à l'article 7, mais au traité d'alliance tout entier. Le jour où l'Autriche prétendrait troubler de n'importe quelle façon ou mesure l'équilibre de l'Adriatique, la Triple-Alliance aurait cessé d'exister. Je suis certain que cette dernière considération, exposée par Votre Excellence avec sa clarté et sa fermeté habituelles aux ministres des Affaires étrangères d'Allemagne et d'Autriche-Hongrie, les persuadera qu'ils doivent se préoccuper des intérêts vitaux de l'Italie et qu'ils doivent faciliter la tâche entre-

prise par Votre Excellence de les concilier avec les intérêts autrichiens, parce qu'en cas contraire le traité de la Triple-Alliance sera déchiré par leurs mains. J'ai donné ainsi à la demande de Votre Excellence une réponse que j'ai longuement méditée.

TITTONI.

Ce ne furent donc pas nos avertissements qui manquèrent à l'Autriche ; ce fut le manque de bonne volonté de sa part.

En outre, la prévoyance a manqué à l'Autriche-Hongrie. Elle n'a pas compris qu'en entraînant imprudemment l'Europe entière dans une conflagration épouvantable par laquelle tant de ruines s'accumulent et le sang d'une génération entière est versé, elle venait nécessairement de soulever partout le grand problème des nationalités opprimées, que le désir général de la conservation de la paix avait délibérément fait mettre de côté depuis tant d'années. Elle n'a pas compris que ce problème, une fois posé, ne comportait qu'une seule, fatale, inéluctable solution : la rédemption !

Et ici je m'aperçois que j'ai outrepassé les limites consenties à un discours, et vraiment la faute est un peu la mienne d'avoir affronté un thème qui aurait besoin d'un volume tout entier pour être traité.

Peut-être votre ardent patriotisme aura-t-il éprouvé une désillusion parce que ma parole ne fut pas chaude ni passionnée. Mais nous sommes dans une époque historique, et j'ai parlé de faits qui seront enregistrés et jugés par l'Histoire. Je devais, par suite, refréner la force des sentiments et m'inspirer uniquement de la sérénité et de l'impartialité de l'historien.

Je termine en envoyant, dans ce jour qui rappelle un fait d'armes glorieux pour la France et pour l'Italie, un salut aux combattants, et de grand cœur je m'associe à votre souhait, monsieur le Président, que la paix acquise par la victoire ne soit pas une paix, mais bien la *paix*, la paix non mélangée de germes de possibles guerres futures, la paix édifiée solidement sur les principes de nationalité et de justice internationale !

CONCLUSION

*de la Commémoration de M. Baccelli,
prononcée au Conseil Général
de Rome le 16 janvier 1916.*

La mort de plusieurs hommes éminents dans l'année 1836 inspirait à Guizot les pensées suivantes :

« J'ai toujours ressenti, même avant d'atteindre à la vieillesse, un respect affectueux pour les morts : la variété infinie et imprévue des coups de la mort me revient sans cesse en pensée à l'aspect des plus fortes et plus heureuses vies ; les longs regrets m'inspirent, pour les âmes qui les ressentent, une profonde et sympathique estime ; la promptitude de l'oubli me pénètre de compassions pour ceux qui ont passé si vite des cœurs où ils croyaient tenir tant de place et je me plais à conserver des souvenirs que je vois si aisément effacés. »

Ces sentiments nous les éprouvons tous devant une tombe. Certes, Guido Baccelli n'est pas de ceux que la promptitude de l'oubli attend, mais de ceux qui laissent après eux de longs regrets. Cependant, je ne peux pas me dispenser de vous manifester une autre impression que je ressens.

Je ne sais pas si dans votre âme vous avez observé le même phénomène que j'ai observé dans mon âme. Cette guerre de géants, qui laisse derrière elle, un sillon si profond de ruines et de deuils, a bouleversé toute la puissante et compliquée organisation économique de l'Europe entière et a méprisé tous les principes de justice, de droit, d'humanité qui étaient considérés comme une conquête définitive de la civilisation. Eh bien, depuis que cette guerre a éclaté, la mort d'hommes éminents ou d'amis très chers, déjà avancés dans l'âge, nous laisse presque indifférents et nous sentons de ne pouvoir pas leur consacrer tout le regret affectueux que nous leur aurions dédié en temps ordinaire. Pourquoi ça ? Parce que tout le courant de pensée et d'affection qui tourbillonne en nous, tous les battements de nos cœurs, tous les frémissements de nos âmes sont destinés à la florissante jeunesse qui, sur les sommets des Alpes, sur les bords de l'Isonzo ou de l'Adriatique, au milieu des périls des régions aériennes ou des profondeurs des mers, offrent sereinement à la patrie le sacrifice de leur existence. Au roi, aux soldats, aux marins, à ceux qui en mourant rendent la vie au sol chéri qui les vit naître, aux blessés qui désirent ardemment de retourner au combat, à ceux qui, dans ce moment se battent héroïquement, nous crions, notre admiration, notre reconnaissance, nos acclamations, nos souhaits ! Gloire à vous lignée de héros, fleur du sang latin ! C'est par vous que dans le monde entier resplendit l'honneur et la vaillance Italienne !

DISCOURS

prononcé le 20 février 1916 à la Mairie de Nice.

Monsieur le Maire,

Messieurs,

Je vous remercie, Monsieur le Maire, des paroles si aimables que vous m'avez adressées, de l'accueil si cordial que j'ai trouvé parmi vous ; les acclamations à l'adresse de l'Italie que j'ai entendu résonner, les sentiments de fraternité que j'ai entendu exprimer me rempliraient de joie si nous ne devions pas réprimer la joie et en réserver la manifestation pour le jour de la victoire finale.

Donc pas de joie, mais du calme, de la sérénité, de la confiance, de la virilité, de la fermeté et la pensée constamment tournée vers ceux qui combattent et meurent pour la Patrie. Les soldats qui, sur nos frontières donnent tous les jours un merveilleux spectacle d'héroïsme doivent savoir que les deux nations entières palpitent avec eux et exclusivement pour eux.

Les fêtes ennoblies par le but saint de l'aide aux œuvres de guerre doivent avoir, comme celles de Nice, un caractère d'austérité, parce que, tant que cette guerre durera, toute notre vie doit être plus austère. J'ai dit tant que cette guerre durera, mais pourquoi pas après ?

Si maintenant, pendant que l'avenir de la Patrie est en jeu, tous doivent rivaliser d'abnégation et d'esprit de sacrifice, ces vertus ne seront pas moins nécessaires après la signature de la paix. Seulement au prix de l'abnégation et du sacrifice, on pourra réparer l'énorme brèche qui a été ouverte dans les budgets des Etats, reconstituer l'organisme économique, pourvoir aux nombreuses exigences du progrès et conserver la paix sociale.

D'ailleurs, je crois que la génération qui a participé à cette guerre, qui, tout en répandant partout une immense ruine matérielle, a élevé les âmes, a purifié les esprits, a donné une forte trempe aux caractères, conservera même après la guerre un sentiment plus parfait de sévérité, de dignité, de respect de soi-même, de dévotion à la Patrie.

Peut-être il vous paraîtra étrange que je parle du lendemain de la guerre au moment où nous sommes préoccupés par la gravité des problèmes de l'heure actuelle, mais je pense que l'activité vigilante et incessante pour la préparation de la victoire peut permettre que l'intelligence des hommes d'Etat vise aussi un but plus lointain. Selon moi, il y a là un point de la plus grande importance pour les rapports entre la France et l'Italie.

La fraternité des armes

A tout ce qui pouvait réunir les deux pays : aux sentiments, aux affinités, aux sympathies, aux souvenirs, vient encore une fois de s'ajouter la fraternité des armes, et certainement le sang versé sur les champs de bataille pour la même cause est un ciment puissant pour l'union entre deux peuples. Mais, pour faire durer une telle union, il est nécessaire que les peuples aient toujours la conscience que leur cause est commune.

Il est naturel que deux grandes nations qui sont limitrophes, non seulement dans leurs territoires nationaux, mais aussi dans leurs colonies, aient des intérêts qui ne soient pas toujours convergents. Mais, justement, l'habileté et la clairvoyance des hommes d'Etat doivent se révéler dans la recherche, en temps utile, de l'harmonie de ces intérêts.

L'avenir commercial et industriel

Les intérêts du commerce, de l'industrie, de la finance, des colonies, du travail et des travailleurs, doivent être l'objet, entre la France et l'Italie, d'accords qui survivent à la guerre, qui soient un gage sûr de leur concorde et de leur union, parce qu'on ne peut pas concevoir la coexistence de l'alliance politique et des barrières économiques. D'éminents parlementaires français et italiens, dont la compétence et l'autorité sont universellement reconnues, se sont réunis déjà à Cernobbio et se réuniront encore à Paris pour collaborer à cette œuvre patriotique.

Qu'ils soient les bienvenus ; leur concours ne pourra que mieux assurer le vote favorable des Assemblées législatives des deux pays. Ce sera le complément utile de l'œuvre du président du Conseil, M. Briand, qui, dans son voyage en Italie, au milieu des acclamations populaires, fixa dans ses conversations avec MM. Salandra et Sonnino l'unité de direction et d'action diplomatique et militaire des Alliés.

Vous avez parlé, Monsieur le Maire, de l'accueil affectueux que les travailleurs italiens trouvent à Nice et dans le département tout entier, soit de la part des autorités, soit de la part des citoyens. Je vous en remercie de tout mon cœur. Je ne sais pas si vous vous rendez compte que vous avez touché ainsi aux fibres les plus sensibles de l'âme italienne.

Le peuple italien suit avec un empressement amoureux ses travailleurs qui apportent à l'étranger le trésor de leur activité et de leur sobriété. Ils en sont le sang le plus pur. Ceux qui les accueilleront et les traiteront comme des frères peuvent être certains de conquérir la sympathie et la reconnaissance du peuple italien.

Un traité de travail existe déjà entre la France et l'Italie et je considère comme un honneur que mon nom y figure à côté de celui de M. Luzzatti, J'exprime le souhait qu'un autre traité le complétera, établissant l'entière réciprocité et égalité des travailleurs français et italiens en France et en Italie, dans l'assistance et la protection sociale.

La paix qu'il nous faut

Monsieur le Maire,
Messieurs,

En 1906, parlant à la Chambre italienne, je disais : « Qui oserait envisager sans un sentiment d'horreur les conséquences terribles d'une guerre entre les grandes puissances européennes qui, sans un éternel remords, voudrait exposer légèrement son pays à une guerre non nécessaire ? Si, malheureusement, une guerre devait éclater entre les grandes puissances, on pourrait, selon moi, en résumer les conséquences en ces mots : la faillite de l'Europe. »

Eh bien ! cette guerre non nécessaire a éclaté. Il n'y a pas lieu de revenir sur les responsabilités qui ont été déjà nettement et clairement établies. Comme un de vos orateurs les plus éminents l'a si bien dit : l'assassinat de Sarajevo, qui a été un crime individuel, ne donnait pas le droit à l'Autriche de répondre par le scandaleux ultimatum à la Serbie qui a été un crime collectif.

Cette guerre a été pour la civilisation une tache qui ne peut être effacée que d'une seule manière : par la réintégration de la justice et du droit ; par une paix qui garantisse l'humanité, sinon pour toujours, au moins pour longtemps, contre la répétition d'une semblable catastrophe. C'est la paix que nous invoquons et pour laquelle nous combattons. Nous ne déposerons pas les armes avant de l'avoir obtenue.

DISCOURS

prononcé le 29 avril 1916, à Paris, à la réunion de la Ligue franco-italienne, en l'honneur des délégués italiens à la Conférence interparlementaire du Commerce.

« Monsieur le Président et cher ami,

Puisque dans la ligue franco-italienne, qui a apporté une contribution si importante au rapprochement d'abord et ensuite à l'amitié et à l'alliance de nos pays, et à laquelle vous avez consacré toute votre activité de patriote fervent, la douce langue du Dante est familière à tous ou à presque tous, consentez à ce que moi, qui me suis servi si souvent ici de votre belle langue que j'ai toujours considérée comme un admirable instrument pour représenter les plus délicates nuances de la pensée et du sentiment, je m'exprime cette fois dans ma langue natale.

Lorsque vous m'avez invité à parler et à participer à un banquet, je vous avoue que, dans les circonstances actuelles, j'ai éprouvé une certaine répugnance parce que, dans les heures tragiques et historiques que nous tous vivons d'une façon si intense, la parole doit céder la place à l'action et celui qui parle doit le faire seulement s'il peut révéler au public des choses nouvelles ou s'il peut apporter une nouvelle contribution à la cause pour laquelle nous combattons ensemble.

Par suite de deux heureuses initiatives du gouvernement français nous avons eu à Paris la conférence politique et militaire des gouvernements alliés et nous aurons bientôt la conférence économique, dont l'actuelle réunion et celle qui aura prochainement lieu — toutes deux avec la participation d'hommes illustres — seront une utile préparation. Maintenant, il est naturel que l'opinion publique, lorsque parlent ceux qui ont pris part ou qui prendront part à ces délibérations désire connaître quels résultats pratiques et concrets ont été atteints, spécialement dans les questions vitales de l'heure présente, qui sont les transports, les frets, les changes, les munitions. Et l'opinion publique a raison parce que la crise des transports peut paralyser la vie économique d'un pays et les frets et les changes sont pour les nations ce que le sang est pour le corps humain : quand les uns s'élèvent par trop et la température de l'autre monte trop, le corps social et le corps humain sont malades.

Le problème des munitions, comme tous les problèmes militaires et économiques de cette guerre gigantesque, a pris des proportions fantastiques, jamais vues ni prévues. La France avec un effort miraculeux a su le résoudre complètement et dans tous les autres Etats on travaille fébrilement.

Eh bien ! ce travail fébrile ne suffit pas

encore ; il faut l'intensifier, il faut le redoubler parce que, sans munitions en une quantité telle qui permette à l'artillerie de faire feu sans jamais s'arrêter par crainte d'en rester dépourvue, l'héroïsme de nos soldats et la valeur de nos généraux ne serviraient à rien. Mais, vous me direz, mon cher président, que tout en attendant que les hommes de gouvernement responsables parlent de ces arguments de façon précise au moment qu'ils croiront le plus opportun, il y a cependant toujours de nobles affirmations à faire : la défense et la reconstitution des petits Etats qui ont subi le martyre et qui ont perdu tout ou presque tout de leur territoire : la revendication et le triomphe du principe des nationalités ; la réintégration du droit et de la justice internationale. Certainement, nous sommes tous dévoués et fidèles à ces grands idéals qui constituent la raison d'être de notre guerre et lui donnent cette base morale dont nous sommes justement orgueilleux. Cependant, je crois que ces idéals pour conserver toute leur fascination et leur prestige doivent être proclamés du haut des grandes tribunes et seulement dans des occasions solennelles. Pour conserver toute leur vertu et efficacité, ils doivent pénétrer dans l'âme des peuples comme un culte, comme une religion. Ils doivent être populaires, mais comme l'hymne sublime dont tous sentent la divine harmonie et non pas comme la chansonnette à la mode.

Cultivons-les donc avec amour, mais que nos manifestations soient sobres et élevées parce que plus dignes.

Et ici, je m'aperçois que pour indiquer les raisons que j'avais de me taire, j'ai fini par parler même trop. Mais malgré cela, je dois dire encore une chose. J'ai parlé de ma répugnance à prendre part à un banquet.

Cette répugnance a été manifestée avant moi par l'honorable M. Luzzatti dans un télégramme qu'il vous a adressé au nom de la représentation parlementaire italienne. Je dois, par suite, dire comment notre répugnance a été vaincue. Le banquet donne généralement l'idée de gaieté et d'insouciance. Nous nous sommes rendus ici avec toute la gravité, le sérieux, l'austérité, le recueillement que l'heure présente impose et nous avons fixé dans la mémoire, les sentiments avec lesquels Diodore de Sicile raconte que Léonidas et ses compagnons s'assirent à la table la nuit qui précéda la bataille des Thermopyles. Du reste, vous, mon cher Président, qui vivez dans cette ville de Paris qui a donné et qui donne un si bel exemple de gravité, de sérieux, d'austérité, de recueillement, vous ne pouviez pas songer à nous réunir dans un but d'amusement et de gaieté, mais vous nous avez voulu avec vous pour réaffirmer ensemble la foi inébranlable et les propositions viriles. Et ceci, nous désirons que le sachent les héros qui combattent dans les tranchées. Nous, en faisant notre devoir, chacun au poste qui lui est assigné, nous aspirons comme à un prix ambitionné qu'ils nous considèrent dignes d'eux.

« Nous voulons qu'ils sachent que pour eux seulement nous vivons et nous palpitons et que des nations entières sont en train de tresser des couronnes de laurier pour ceux qui retourneront avec les emblèmes de la victoire et de préparer l'apothéose à ceux qui sont tombés glorieusement. Jamais l'oubli n'étendra sur eux son voile, jamais pour eux ne pourra être répétée la phrase de Chateaubriand pour la mort du maréchal Lannes : « L'attachement des hommes se « refroidit aussi vite que le boulet qui les « frappe. »

J'ai exposé ma pensée avec ma franchise habituelle. Elle est partagée par mes éminents collègues du Parlement italien venus ici sous la haute autorité de M. Luzzatti. Parmi eux, vous voyez représentés fraternellement et patriotiquement tous les partis politiques et toutes les régions d'Italie. Ceci vous démontre que, comme en France, nous avons réalisé l'union sacrée et qu'une seule pensée nous inspire : la Patrie, son souvenir, sa grandeur, sa gloire ! »

DISCOURS

prononcé à la Sorbonne le 22 juin 1916.

MESDAMES ET MESSIEURS,

Pour la seconde fois, j'ai l'honneur de prendre la parole dans cette enceinte, où les traditions éclatantes de la littérature, de la philosophie, de la science enveloppent les orateurs et leur inspirent la dignité et l'élévation du langage. La première fois, une explication publique, franche, loyale, entre le président du conseil, M. Poincaré, et moi mettait fin à un malentendu surgi entre la France et l'Italie. Je rappelle devant vous ce souvenir, qui nous apparaît maintenant comme une brume lointaine, uniquement parce que je pense qu'il ne peut que raffermir la volonté inébranlable des deux peuples qu'il n'y ait plus de malentendus et qu'entre eux règne à jamais une amitié consolidée par la sympathie, par la confiance, par le respect et la sauvegarde des intérêts réciproques. M. Poincaré parla alors d'un nuage qui passe. Eh bien, nous ne voulons plus de ces nuages, pour passagers qu'ils soient; nous voulons voir resplendir sur la France et l'Italie un horizon toujours radieux et calme. Nous ne pensions pas alors à la guerre, et on nous a reproché de ne pas l'avoir prévue. Le reproche n'est pas fondé ; on peut prévoir une guerre nécessaire, on ne peut pas prévoir une guerre inutile. On peut prévoir tout, sauf les égarements de la folie humaine. — Comme M. Poincaré, il y a quatre ans, MM. Anatole France et Barthou auraient pu aujourd'hui savourer la jouissance sans mélange que l'orateur éprouve quand il réussit à enchaîner l'attention de ceux qui l'écoutent et faire vibrer leurs âmes à l'unisson de la sienne, et le public aurait pu éprouver encore une fois la satisfaction d'entendre exprimer noblement des nobles pensées. Mais aujourd'hui, les jouissances purement intellectuelles et esthétiques nous sont devenues étrangères. Nous avons des soucis plus graves, des devoirs plus austères et un grand but à atteindre, auquel nous nous consacrons, entièrement. Et ce but ne nous demande pas des apparences, mais des réalités. La spéculation doit céder la place à l'action.

Rappelons-nous l'enseignement de la sagesse ancienne : *Facere docet philosophia non dicere.*

Donc, pas de discours inutiles, pas de banalités ou de vains mots, pas de rhétorique creuse qui, en créant le fantôme des illusions nous détourne un seul instant de l'action disciplinée par laquelle nous devons tous, hautes ou humbles que soient les fonctions que nous exerçons, élevée ou modeste que soit la place que nous occupons, travailler et contribuer dans les limites de nos moyens et de nos forces à la réalisation de notre but suprême : la victoire de la cause commune !

Aujourd'hui, quand un orateur s'apprête à parler, le public avant de se soucier si sa parole est brillante ou terne se demande : « Qu'est-ce qu'il a fait pour son pays en ce moment suprême ? » Et je crois pouvoir dire que si M. Barthou vous a profondément impressionnés et émus, ce n'est pas seulement par le charme et la vigueur de sa merveilleuse éloquence, c'est aussi parce qu'il a donné à sa patrie plus que sa vie, il lui a donné une vie qui lui était cent fois plus chère que la sienne. Et sa voix avait un accent tragique, car elle traduisait vraiment les deux grandes tragédies qui agitent son âme : celle de cette terrible et sanglante guerre et celle du sacrifice de sa plus grande affection. Pardonnez-moi, cher ami Barthou, de réveiller votre douleur, mais votre âme de patriote est digne de cette rude épreuve. D'ailleurs, je ne pense pas que vos souvenirs douloureux étaient absents quand vous avez concentré dans votre parole enflammée et vengeresse les malédictions de toutes les familles en deuil contre ceux qui, sans aucune nécessité, sans aucune raison légitime, ont déchaîné sur l'Europe un fléau plus terrible que tous les maux qui affligent l'humanité réunis ensemble.

Les responsabilités de la guerre

Cette malédiction, ils cherchent à la détourner de leurs têtes, ne cessant de répéter que cette guerre ils ne l'avaient pas voulue. Ils ne disent que ce mot et ils s'y attachent désespérément, car il ne peut avoir une apparence de vérité que si on le prend au sens strictement littéral.

Un éminent psychologue français, dans un livre récent, tout en flétrissant l'Autriche et l'Allemagne, a écrit que cette guerre personne ne la voulait et tout le monde la craignait. Il est bien possible que l'Autriche et l'Allemagne ne désiraient pas une guerre européenne, ou du moins qu'elles ne la désiraient pas aussi étendue. Il est bien possible que l'Autriche pensât pouvoir perpétrer impunément l'agression contre la Serbie, sans que la Russie relevât le défi insolent, sans que la France tînt ses engagements envers la Russie, sans que l'Italie fît rien pour empêcher l'altération de l'équilibre adriatique à son détriment et la violation flagrante du traité d'alliance qui avait été conçu comme œuvre de défense légitime, d'équilibre et de paix, qui ne pouvait pas et ne devait pas la contraindre à devenir complice, même par la simple abstention, d'une agression criminelle. Il est bien possible que l'Allemagne pensât pouvoir répéter une seconde fois l'intimation faite en 1909 à Pétrograd, quelques mois après l'annexion de la Bosnie-Herzégovine, sans réfléchir que la Russie, justement parce qu'elle l'avait tolérée une fois, n'aurait pu la supporter une seconde fois sans signer sa déchéance. Il est possible aussi que l'Allemagne pensât pouvoir violer la neutralité de la Belgique sans que l'Angleterre en ressentît l'atteinte et écraser ce noble petit pays sans que le monde civilisé en fût profondément ému et indigné.

Mais, est-ce que ces illusions puériles, si vraiment elles ont été entretenues, pourraient diminuer leur responsabilité ? Même si l'Autriche et l'Allemagne pouvaient se défendre de l'accusation d'avoir froidement prémédité la guerre, pour laquelle d'ailleurs, comme les faits l'ont démontré, elles seules s'étaient militairement préparées, elles seraient également coupables de l'avoir déchaînée par insouciance, par orgueil, par mépris de la justice internationale.

Le chancelier de l'empire allemand, dans le discours qu'il a prononcé au Reichstag il y a une quinzaine de jours, a encore une fois dénoncé la mobilisation russe comme la vraie cause qui a provoqué la guerre. On pourrait répondre que la mobilisation de la part d'une puissance peut donner à d'autres puissances, le droit de mobiliser à leur tour, mais que la mobilisation n'entraîne pas nécessairement la guerre, et il ne manque pas d'exemples de mobilisations qui n'ont pas interrompu les négociations diplomatiques et ont été suivies de dénouements pacifiques. Mais même en acceptant le principe énoncé par le chancelier allemand et faisant retomber la responsabilité de la guerre sur celui qui le premier a mobilisé son armée, on n'éviterait pas la condamnation de l'Autriche, car c'est bien elle qui a mobilisé la première. On peut dire d'ailleurs, que depuis longtemps la mobilisation était devenue pour l'Autriche, une mesure normale. Elle a mobilisé son armée en 1908 et 1909 pendant toute la durée de la crise de la Bosnie-Herzégovine ; elle a mobilisé en 1913, pendant la crise balkanique et albanaise, et les autres puissances n'ont pas perdu le sang-froid et n'ont pas pensé que la guerre dût être la conséquence nécessaire de sa mobilisation. Seule la Russie s'est bornée, en 1913, à une mesure de précaution bien innocente, retenant une classe sous les drapeaux ; mais comme le comte Berchtold l'a dit si bien dans son discours aux Délégations du 20 novembre 1913 (et j'aime à citer ici ses paroles textuelles) : « *Un échange de vues dû à l'initiative généreuse de deux monarques réussit à amener l'abandon de ces mesures avant que la crise se fût trop prolongée.* » C'est ainsi que le comte Bertchold lui-même s'est donné la peine de condamner, en 1913, ses procédés de 1914 et de démentir et de réfuter M. de Bethmann-Hollweg bien avant qu'il prît la parole.

Des écrivains et des philosophes de différentes nations ont publié de savantes dissertations, dans lesquelles ils énumèrent une longue et nombreuse série de causes morales, psychologiques, ethniques, économiques et politiques, qui, selon eux, devaient conduire fatalement à la guerre. J'admire leur ingéniosité et leur doctrine, qui, je dois le reconnaître, a séduit une partie de l'opinion publique, mais je m'inscris contre leur thèse. Comme je crois l'avoir démontré dans mon discours au Trocadéro, ni la concurrence économique, ni les nombreux différends entre l'Allemagne et les autres puissances, tous déjà définis et réglés par des accords, ne pouvaient constituer des raisons ou des prétextes raisonnables pour la guerre.

[L'agression contre la Serbie]

Il faut ramener la guerre à sa vraie source : l'agression de l'Autriche contre la Serbie. Ceux qui en élargissent démesurément le cadre ne font que créer la confusion dans l'esprit public et de cette confusion, l'Autriche et l'Allemagne profitent pour chercher à se soustraire à la lourde et incommode responsabilité qui pèse sur elles. Tout l'artifice des hommes d'Etat autrichiens et allemands consiste à ne tenir aucun compte de l'agression de l'Autriche contre la Serbie, comme si c'était une chose parfaitement naturelle et légitime, et à laquelle l'Europe n'avait aucun droit de se mêler. C'est sur cet artifice qu'il faut s'arrêter parce qu'il constitue le pivot, la base de la thèse austro-allemande. Une fois détruit cet artifice, toute leur thèse s'écroule pulvérisée.

La décade dramatique qui s'est écoulée entre la présentation de l'ultimatum à la Serbie et la déclaration de la guerre a été éclairée de la lumière la plus vive par la publication des documents diplomatiques de tous les Etats intéressés. Ces documents ont été abondamment commentés dans les discours des hommes d'Etat, dans les livres, dans les brochures, dans les articles des revues et des journaux. Moi-même, je m'en suis occupé dans mon discours du Trocadéro, et j'ai ajouté aux documents publiés, un document inédit. Je n'insisterai pas sur ce point pour ne pas répéter ce que j'ai déjà dit et que tant d'autres ont dit. La rédaction de l'ultimatum autrichien, brutale, insolente et non documentée ; le dédain pour la réponse humble et rémissive de la Serbie ; la réponse négative donnée au bref délai demandé par les autres puissances ; le refus catégorique d'examiner les propositions amicales, conciliantes, empreintes d'une grande équité, que certaines d'entre elles avaient présentées et que les autres avaient appuyées dans le but d'éviter la guerre et de donner satisfaction à l'Autriche, tout en sauvegardant l'indépendance de la Serbie et les raisons suprêmes de la justice — tous ces faits ont amené l'opinion publique mondiale à prononcer contre l'Autriche et l'Allemagne une sentence définitive et sans appel.

Mais si tout ce qui s'est passé entre le 24 juillet et le 4 août 1914 a été bien mis en lumière, les précédents de la question serbe ne l'ont pas été assez. On aurait dû le faire, il est utile encore de le faire et je vais m'y essayer dans une synthèse rapide, sobre et impartiale. Oui, surtout impartiale, car je n'ai pas pris la parole pour faire un plaidoyer patriotique, mais pour apporter une contribution à la vérité et à l'histoire, et pour que mon argumentation puisse résister à tous les sophismes de nos ennemis, je ne lui donnerai qu'une base : celle des déclarations officielles autrichiennes rigoureusement contrôlées.

Que la défense sur le terrain de l'ultimatum à la Serbie fût bien difficile et dangereuse pour les empires centraux, un de leurs hommes d'Etat l'a bien compris et il a cherché ailleurs leur justification. Le secrétaire d'Etat allemand aux affaires étrangères, M. de Jagow, dans une interview, a dit que l'Autriche a été obligée de faire la guerre parce que tous ses intérêts dans la péninsule balkanique se heurtaient constamment contre l'hostilité ou la mauvaise volonté des puissances de l'Entente et qu'il fallait bien mettre fin à cet état de choses intolérable. Voilà donc relégué au second plan le meurtre de Sarajevo et avoué que l'ultimatum à la Serbie ne fut qu'un prétexte pour provoquer la guerre. Mais est-elle vraie au moins, l'affirmation de M. de Jagow ?

Je vais vous démontrer qu'elle est contredite par les faits et par toutes les manifestations officielles des hommes d'Etat autrichiens autorisés.

L'Autriche et les guerres Balkaniques

Les faits d'abord. Tout ce que l'Autriche a demandé après les deux guerres balkaniques, elle l'a obtenu avec l'assentiment et l'appui de toutes les puissances. C'est ainsi qu'on a créé l'Albanie comme elle la voulait, qu'on lui a donné le souverain désigné par elle, qu'on a obligé le Monténégro à abandonner Scutari, et la Serbie à renoncer au débouché sur l'Adriatique, et que les frontières albanaises vers la Serbie et la Grèce ont été tracées selon la volonté de l'Autriche.

Ces résultats étaient constatés par le comte Berchtold dans son discours aux Délégations du 20 novembre 1913, dans lequel, après les avoir énumérés, il concluait : « *Nous avons exécuté la partie essentielle de notre programme et sauvegardé la paix de notre monarchie.*

On a prétendu que l'agrandissement des Etats balkaniques après la guerre victorieuse contre la

Turquie avait porté une profonde atteinte aux intérêts et au programme de l'Autriche. Mais ce n'est qu'une simple appréciation à laquelle j'oppose un fait, c'est-à-dire que cet agrandissement l'Autriche l'avait accepté. Dans le même discours que j'ai déjà cité, le comte Berchtold rappelait les déclarations faites en 1908 par le baron d'Aehrenthal au moment de la retraite des garnisons autrichiennes du Sandjak. Je crois utile de reproduire textuellement ces déclarations que le comte Berchtold a seulement rappelées.

Après avoir qualifié de légende la marche de l'Autriche vers l'Egée, le baron d'Aehrenthal disait : « Si les troupes austro-hongroises éva-
« cuent le Sandjak, cela contribuera à rendre
« bien clair ce fait : combien peu égoïste est la
« politique que nous poursuivons en Orient. Cela
« démontrera également aux Etats balkaniques
« que l'Autriche-Hongrie ne s'efforce nullement
« de s'agrandir à leurs dépens. L'évacuation du
« Sandjak par nos troupes projettera enfin une
« clarté désirable sur les rapports de l'Autriche-
« Hongrie et des autres puissances. »

Le comte Berchtold, après avoir répété que *ne pas empêcher le développement des Etats balkaniques était pour l'Autriche une formule passée en axiome* et qu'il était prêt à tenir compte le plus possible (c'est-à-dire avec les réserves pour les intérêts économiques de l'Autriche et pour l'Albanie) *de la situation créée par la victoire des Etats balkaniques* ajoutait : « Nous étions d'autant plus déterminés à cette solution que la monarchie a considéré son extension territoriale comme achevée par l'acquisition de la Bosnie-Herzégovine et qu'un abandon de ce point de vue nettement précisé par mon prédécesseur n'aurait répondu ni à nos intérêts bien compris, ni au principe de continuité auquel je me suis toujours attaché ! »

L'Autriche et l'Italie

Je ne veux pas multiplier les citations. Mais qu'on relise tous les discours du comte d'Aehrenthal et du comte Berchtold et on trouvera toujours répété, au point de devenir monotone, le même *leitmotiv : Paix, équilibre, désintéressemen territorial.*

Ce programme si sage d'équilibre, de désintéressement territorial et de paix constituait la base des rapports entre l'Autriche et l'Italie. Le jour où, à l'improviste, l'Autriche l'a brutalement déchiré, reniant ses déclarations et ses promesses et dévoilant ses desseins cachés, elle a en même temps déchiré l'alliance avec l'Italie. On a fait beaucoup de bruit en Autriche sur la prétendue trahison de l'Italie et sur la conversion à la guerre des hommes qui avaient pratiqué la politique de l'alliance. Mais il est très facile de démontrer qu'il n'y a eu ni traîtres ni convertis.

Nous étions avec l'Autriche pour la paix, pour l'équilibre dans l'Adriatique, pour le respect de l'indépendance et de l'intégrité territoriale des Etats balkaniques, et nous sommes restés fidèlement avec elle jusqu'au moment où elle-même, abandonnant brusquement ce programme, nous a obligés d'en chercher ailleurs la réalisation. Les hommes dont je suis, qui, pendant de longues années, ont, en Italie, pratiqué loyalement l'alliance avec l'Autriche, servant la cause de leur pays et celle de la paix européenne, ne renient d'aucune façon leur passé ; au contraire, ils le revendiquent hautement, car non seulement ce passé n'est pas en contradiction avec leur attitude actuelle, mais il en est la plus éclatante justification.

Ce n'est donc pas l'Italie qui a trahi l'alliance ; c'est l'Autriche qui l'a trahie au moment où elle trahissait la cause du droit, de la justice et de la paix !

L'Autriche et la Serbie

Et la Serbie aurait-elle au moins, par son attitude, justifié l'agression autrichienne ?

Une seule fois la Serbie s'est dressée contre l'Autriche : au moment de l'annexion de la Bosnie-Herzégovine, qui provoqua en Serbie une profonde émotion et une vive agitation.

L'Autriche, alors, bien qu'elle eût mobilisé son armée à la frontière serbe, préféra s'adresser aux puissances et le résultat fut tel qu'elle le désirait.

Le 18 mars 1909, la Serbie signait la déclaration suivante qui lui fut présentée par l'Angleterre :

« La Serbie reconnaît qu'elle n'a pas été atteinte dans ses droits par le fait accompli créé en Bosnie-Herzégovine et qu'elle se conformera par conséquent, à telle décision que les puissances prendront par rapport à l'article 25 du traité de Berlin. Se rendant aux conseils des grandes puissances, la Serbie s'engage, dès à présent, à abandonner l'attitude de protestation et d'opposition qu'elle a observée à l'égard de l'annexion depuis l'automne dernier, et elle s'engage, en outre, à changer le cours de sa politique actuelle envers l'Autriche-Hongrie pour vivre désormais avec cette dernière sur le pied d'un bon voisinage.

« Conformément à ces déclarations, et confiante dans les intentions pacifiques de l'Autriche-Hongrie, la Serbie ramènera son armée à l'état du printemps de 1908, en ce qui concerne son organisation, sa dislocation et son effectif. »

Cette intervention de l'Angleterre auprès de la Serbie est la réfutation péremptoire du discours lu il y a quelques jours à Budapest par le comte Tisza, au nom du baron de Burian.

Pourquoi l'Autriche, qui a demandé elle-même l'intervention des puissances auprès de la Serbie frémissante de 1908, s'est-elle refusée à causer avec elles de son différend avec la Serbie humble et soumise de 1914 ?

Il n'y a qu'une explication plausible : c'est qu'en 1908, l'Autriche, bien qu'elle fût la seule puissance militairement prête, voulait la paix, et qu'en 1914 elle ne la voulait plus.

Après 1908, l'Autriche n'a pu formuler aucun grief sérieux contre la Serbie. On dit que le traité de Bucarest avait vivement affecté l'Autriche. C'est bien possible, surtout, si comme beaucoup le pensent, et non sans quelque fondement, elle n'était pas entièrement étrangère à l'agression de la Bulgarie contre la Serbie et la Grèce, qui avaient accepté l'arbitrage pour régler avec elle leur différend macédonien. Mais la puissance qui, la première, déclara que le traité de Bucarest devait être respecté, fut précisément l'Allemagne. L'Autriche a toujours dit qu'elle n'exigeait de la Serbie que certaines garanties d'ordre économique. C'est ce que disait le comte Aehrenthal, le 14 octobre 1910, quand il se félicitait de l'accord commercial avec la Serbie. Le 20 novembre 1913, le comte Berchtold disait aux Délégations : « En ce qui concerne le royaume de Serbie, notre voisin, nous considérons l'acheminement des bonnes relations économiques avec lui comme un gage des rapports de bon voisinage. Le gouvernement serbe a déjà reçu de notre part des communications dans ce sens et nous attendons maintenant de lui, comme preuve que lui aussi désire à son tour entretenir des relations identiques, des déclarations susceptibles de provoquer des négociations au point de vue de la réciprocité de la situation économique. »

Et le comte Berchtold terminait son discours dans un langage que peu après il devait oublier complètement : « *Dans ce but, nous pouvons exprimer l'espoir qu'après les changements survenus dans les Balkans, s'inaugurera pour nous une ère nouvelle dans nos rapports avec les Etats balkaniques, une ère de relations économiques plus étroites et plus vives et des rapports amicaux pleins de confiance.* »

Toutes les puissances applaudissaient à ce langage tenu quelques mois seulement avant la guerre et même je crois pouvoir dire qu'elles étaient disposées à examiner favorablement des garanties pour la liberté du port et du chemin de fer de Salonique, si l'Autriche les avait demandées.

Mais la vérité est que l'Autriche n'a jamais demandé rien de précis. La seule question économique qui avait été abordée et était sur le point d'être résolue était celle des chemins de fer orientaux pour laquelle l'Autriche avait fait appel aux capitaux français.

Les fameuses propositions économiques ne furent jamais présentées à la Serbie ; elles ne l'étaient pas encore le jour funeste de la présentation de l'ultimatum.

C'est bien un des cas où on peut dire que le vrai n'est pas vraisemblable, tellement la conduite de l'Autriche est en contraste avec la logique et la raison.

Certainement, il y avait en Serbie des chauvins comme il y en a dans tous les pays, mais le gouvernement et la nation serbes comprenaient trop bien qu'ils étaient trop petits et trop faibles et qu'ils devaient nécessairement vivre en bons termes avec leur grande et puissante voisine.

Un des hommes d'Etat serbes les plus éclairés et cultivés, mon ami M. Vesnitch, qui est entouré en France de tant de sympathie, en juillet 1914, dans une *interview*, après avoir déploré en termes émus le crime de Sarajevo, disait que son émotion était accrue par la crainte qu'il pût retarder les efforts du gouvernement serbe pour établir avec l'Autriche des relations confiantes, et terminait par ces paroles, qui à la veille des tragiques événements qui allaient se dérouler, résonnent comme un appel désespéré à l'apaisement, à l'équité, à la bonne volonté :

« Gardons-nous, disait-il, de juger l'Autriche

d'aujourd'hui sur les écrits de quelques publicistes trop zélés. Elle compte des hommes d'Etat qui discernent avec sang-froid les intérêts de leur pays. Elle est conduite — et puisse-t-elle l'être longtemps encore — par un grand monarque. Je ne peux donc me défendre d'espérer qu'entre elle et ma patrie ce triste nuage passera sans tempête et qu'après lui viendront, pour le bien de l'Europe entière, qu'assombrit cette crise, des jours de bonne volonté, de bon voisinage et de sérénité. »

C'était le langage de la raison, de la modération, de l'honnêteté. L'ambassadeur d'Autriche-Hongrie à Paris rencontrait M. Vesnitch et le félicitait de ses déclarations. Je ne me permets pas de mettre en doute la bonne foi de ces félicitations. Je ne suis pas le seul à penser que les ambassadeurs d'Autriche-Hongrie et d'Allemagne à Paris étaient bien peu au courant du coup qui se préparait à Vienne et à Berlin. Mais quelle saveur d'ironie cruelle et sanglante les événements ont donnée à ces félicitations qui précèdent de dix jours seulement la présentation de *l'ultimatum autrichien !*

L'Autriche et les puissances de l'Entente

L'ironie lugubre des événements postérieurs atteint aussi une autre manifestation, qui précède de peu la guerre, — l'hommage que le ministre des affaires étrangères de France en mars 1914 rendait à la tribune *à la haute sagesse*

qui réglait les destinées de l'Autriche-Hongrie.
Non seulement, bien entendu, tout esprit de critique de ma part est absent de cette constatation, car l'Autriche avait effectivement été sage pendant tout le développement de la crise balkanique, mais j'en déduis un autre argument contre la thèse de M. de Jagow sur la malveillance systématique des puissances de l'Entente envers l'Autriche-Hongrie. Cette malveillance n'a jamais existé. Pour ce qui regarde la France, le baron Aehrenthal disait en 1908 : « La France continue à exercer son influence pour aplanir les divergences existantes dans les différentes questions. Nous pouvons saluer ses efforts dignes de reconnaissance avec la plus grande satisfaction, car nous poursuivons le même but que la France, le maintien de la paix. »

Pour ce qui regarde l'Angleterre, j'ai déjà dit que ce fut elle qui se chargea, selon les désirs de l'Autriche, de faire signer à la Serbie la déclaration du 18 mars 1909, et tout le monde sait quel esprit pacifique et conciliant l'Angleterre a apporté après les guerres balkaniques à la Conférence de Londres qu'elle a présidée. Le 20 novembre 1913, le comte Berchtold lui a rendu hommage en ces termes : « La politique étrangère de l'Angleterre, poursuivie avec un objectif rigoureux, a sensiblement contribué à ce que les nombreuses difficultés de la situation puissent être écartées sans produire de sérieux mécontentements de la part des puissances intéressées. »

Et quant à la Russie, sans remonter aux temps déjà si éloignés du pacte de Muerzsteg, qui était la reconnaissance de la part de l'Autriche des intérêts de la Russie dans les Balkans, sans parler qu'en 1908 le baron Aehrenthal disait à propos des questions balkaniques : « On sait à Saint-Pétersbourg que nous avons une compréhension parfaite des intérêts et des désirs de la Russie », je citerai la déclaration plus récente du comte Berchtold, à la fin de 1913 : « L'évolution de la situation dans les Balkans a écarté bien des motifs de malentendu entre l'Autriche-Hongrie et la Russie et a, non seulement, diminué les occasions de froissements entre elles, mais aussi a produit sous beaucoup de rapports une heureuse harmonie de conceptions et d'intérêts qui ne peuvent qu'avoir une excellente influence sur le développement de nos relations. »

Et ce sera le mot de la fin, car je ne veux pas accabler, ni l'Autriche, ni mes auditeurs, sous une avalanche de citations que je pourrais multiplier à l'infini. Celles que j'ai lues sont plus que suffisantes pour nous permettre de dire à l'Autriche : *Ex ore tuo te judico !*

Un des plus beaux essais du grand écrivain anglais Macaulay est celui sur le conventionnel régicide passé à la postérité, sous le nom d'Anacréon de la Guillotine. Il se termine par cette véhémente invective : « Je défie n'importe qui de le décrocher de la hauteur d'opprobre à laquelle j'ai été forcé de le placer ! » Les auteurs et les complices de l'agression contre la Serbie sont-ils bien sûrs que les futurs historiens qui dévoileront et flétriront leur conduite ne se souviendront pas de l'invective de Macanlay ?

L'effort militaire italien

Parlerai-je de l'effort militaire italien ? Le meilleur moyen d'en faire comprendre l'importance au public français, c'était le témoignage des Français mêmes qui l'ont vu de près.

Des hommes éminents, qui sont en contact presque quotidien avec l'opinion publique, MM. Louis Barthou, Stéphen Pichon, Gabriel Hanotaux, Maurice Barrès et Joseph Reinach, ont été sur notre front, dans nos tranchées, au milieu de nos soldats. Ils ont causé avec notre roi, nos généraux, nos officiers et nos *poilus*. Ils ont résumé leurs impressions fraîches, vives, spontanées, dans d'excellents articles. M. Barthou a voulu en renouveler l'expression dans cette conférence, dans laquelle il nous a montré, encore une fois, que l'éloquence et l'efficacité de sa parole égalent la finesse et l'élégance de sa plume. Je n'ajouterai pas un mot à ce que lui et ses illustres amis ont dit avec tant d'éclat et d'autorité. Je me bornerai à les remercier publiquement au nom de mon pays pour leur persévérante collaboration à l'amitié franco-italienne, et comme tous ceux qui les ont lus ou entendus, j'associerai dans une même pensée les héros de Verdun et les héros du Trentin. Il me semble que le rude choc que nous avons supporté ensemble, que l'anxiété des premiers moments de l'offensive allemande et autrichienne à laquelle a bientôt succédé la joie d'apprendre que la bravoure de nos armées avait enrayé l'effort ennemi, ont encore plus resserré nos liens, uni nos âmes et nous ont fait mieux et avec plus d'intensité sentir et comprendre notre fraternité.

Pensons toujours à ceux qui combattent et qui meurent pour la patrie ! Ce sera le moyen le plus sûr de dissiper les difficultés intérieures et de cimenter l'union sacrée.

Je dois aussi remercier M. Anatole France qui a voulu présider notre réunion. Il est naturel qu'il soit au premier rang dans toutes les manifestations pour la justice qui est sa grande affection. Elle l'a toujours été.

Le jour de réception de M. Anatole France à l'Académie française (il est mélancolique pour moi comme pour lui de constater que ce jour est bien éloigné de nous) son confrère M. Gréard, après avoir fait allusion aux titres agréablement trompeurs de ses livres et loué les séductions d'une langue si parfaite qu'il semble qu'elle n'ait à se défier que de sa grande perfection, mettait en relief sa qualité prééminente : son esprit de révolte contre toutes les injustices. Monsieur Anatole France, cette qualité qui est l'honneur et l'orgueil de votre vie, les circonstances actuelles la font encore mieux apprécier !

Effort commun, canons, munitions

Monsieur le Président,

Votre comité faisant connaître au public l'effort anglais, belge, français, italien, japonais, russe et serbe a accompli une œuvre digne et patriotique. Mais il y a un autre effort dont le public a salué le commencement avec joie et dont il attend la continuation avec le concours de tous sans exception et sans interruption ou hésitation.

Cet effort est l'effort commun, l'effort collectif sur tous les fronts dans le même moment, la coordination et l'action simultanée des forces alliées afin que les empires centraux cessent de jouir de l'avantage dont ils ont longuement et habilement profité, de combattre successivement sur chaque front, jamais sur tous les fronts ensemble. Certes, il y a aussi là une question de canons et de munitions. Les hommes clairvoyants, dès les premiers jours de la guerre, ont compris que le nombre et le renouvellement continu des canons et la production illimitée des munitions en constituent le facteur peut-être décisif, certainement le plus important. On l'a compris en France, où on peut justement se flatter d'avoir résolu le formidable problème. Il faut absolument que partout on ne redouble pas seulement, on centuple les efforts en prenant exemple de l'effort admirable de la France.

Je ne dirai pas que la victoire est à ce prix, car, en tout cas, notre confiance dans la victoire finale doit être inébranlable. Mais la confiance ne doit pas être mystique et contemplative ; elle doit s'appuyer sur l'action, sur l'action énergique et incessante, sur l'action qui ne faiblit pas un seul instant, qui ne s'arrête jamais. Car s'il faut penser à terminer la guerre par la victoire, il ne faut rien négliger pour l'obtenir le plus tôt possible.

Nous avons toujours dit et nous répéterons toujours que, quelle que soit la durée de la guerre, nous la poursuivrons jusqu'au bout. Mais ce serait vraiment inconscience et insouciance coupables de dire qu'il est indifférent que la guerre soit plus ou moins longue, comme si on pouvait être indifférent aux énormes sacrifices des peuples en sang et en argent.

La prolongation de la guerre et la possibilité de la paix

Le chancelier allemand, dans son dernier discours, a voulu rejeter la responsabilité de la prolongation de la guerre sur les alliés, disant qu'ils avaient repoussé ses avances de paix avec mépris.

Laissons de côté les gros mots et demandons-nous plutôt s'il s'agissait vraiment d'une paix ayant une base sérieuse, c'est-à-dire d'une paix qui rendît impossible une nouvelle guerre à courte échéance. C'est justement cette paix, la seule souhaitable, qui n'est pas encore possible. Elle ne l'est pas, même indépendamment des questions territoriales, qui sont pourtant, elles aussi, hérissées de difficultés, surtout si on se refuse à les examiner à la lumière du grand principe libéral des nationalités.

C'est pour cette raison que nos peuples, sans les concours et l'adhésion desquels nos gouvernements ne pourraient pas poursuivre la guerre, sont décidés à la mener jusqu'au bout, car avec leur bon sens et leur sûre intuition, ils disent qu'il vaut mieux continuer la guerre jusqu'au bout, plutôt que de céder à l'appât trompeur d'une paix apparente et éphémère qui ne mettrait pas définitivement fin à la guerre, mais l'interromprait provisoirement pour quelques années, laissant libres ceux qui l'ont provoquée de la recommencer quand et comment il leur conviendrait mieux.

En parlant de l'attitude qui convient aux alliés dans la discussion de la paix, vous avez, cher ami Barthou, énoncé autrefois une formule que j'adopte : modérés et équitables, oui; dupes, non.

D'ailleurs, s'il y a des répartitions matérielles et morales à exiger ; s'il y a des nationalités opprimées à racheter ; s'il y a des villes et des usines incendiées ou détruites à faire revivre, nous ne devons pas oublier qu'il y a aussi à reconstruire un édifice qui s'est écroulé lamentablement et qui s'appelle le droit et la justice internationale.

Est-il possible que l'Europe d'avant la guerre, l'Europe de la paix armée, de la concurrence folle et de la course fiévreuse aux armements, soit encore l'Europe d'après la guerre ? Comment pourrait-on envisager sans inquiétude, après la guerre, une situation dans laquelle les grandes nations devraient payer les lourdes charges de la guerre passée et en même temps les charges non moins lourdes de la préparation de la guerre future à courte échéance ? Que resterait-il pour le progrès civil et économique, pour les réformes sociales, pour tout ce qui, en somme, constitue la marche de la civilisation ?

On se tromperait étrangement si on pensait

que les nations pourraient se résigner à un tel état de choses, qui créerait partout des situations intérieures très graves et provoquerait les colères des peuples.

M. Guglielmo Ferrero, à qui nous devons des aperçus intéressants et originaux sur la guerre et ses conséquences, dans un de ses articles a exprimé l'espoir que les éléments révolutionnaires renoncent à exploiter à leur profit la situation que laissera la guerre. Je crois qu'il serait plus prudent de donner à nos espérances pour l'avenir une base moins fragile.

Les problèmes d'après-guerre seront plus formidables que ceux de la guerre, et la tâche des gouvernants sera plus difficile et plus ardue après que pendant la guerre. Selon moi, il n'y a qu'un moyen pour faciliter la solution de ces problèmes : c'est de faire en sorte qu'ils aient à se poser sous la forme la moins grave possible. Cette considération doit nous confirmer dans la résolution de ne pas déposer les armes avant d'avoir obtenu par la victoire la seule paix souhaitable, la paix qui doit contenir l'élément essentiel auquel nous ne pourrions jamais renoncer : l'élément de la durée pendant un grand nombre d'années. Il ne suffit pas de terminer cette guerre ; il faut à tout prix éviter les terribles problèmes qu'après la guerre ferait surgir une paix boiteuse.

Conclusion

Les hommes qui sont responsables de cette guerre, effrayés des résultats épouvantables de leur œuvre, voudraient bien, s'ils le pouvaient, ne l'avoir pas déchaînée, comme ils voudraient bien, s'ils le pouvaient, l'arrêter maintenant. Mais ils ne le peuvent pas, mais personne ne le peut, mais nous-mêmes, si nous le voulions, nous ne le pourrions pas, car il y a quelque chose qui est au-dessus de la volonté des hommes, et c'est la logique fatale et impitoyable des événements.

Les hommes peuvent les déchaîner, mais une fois déchaînés ils ne peuvent plus les arrêter. On peut bien dire des hommes responsables de cette guerre ce qu'un philosophe de l'ancienne Rome disait de tous les conquérants qui, entraînés par l'amour insensé d'une fausse grandeur (*insanus amor magnitudinis falsae*) sont condamnés à ne pouvoir s'arrêter que quand ils tombent et s'affaissent, comme une masse lancée dans l'espace ne s'arrête que quand elle tombe et s'écrase par terre !

LETTRE

au Sénateur M. Ferraris,
directeur de la Nuova Antologia.

Cher Collègue et Ami,

Puisque les discours que j'ai prononcés durant la guerre et que vous avez reproduits dans votre *Revue* ont suscité un vif intérêt, qu'ils ont recueilli de nombreuses et cordiales adhésions, tant en Italie et chez les nations alliées que dans les pays neutres et provoqué des critiques plus ou moins acerbes dans les pays ennemis, je crois utile, pour la cause de la vérité et de la justice, au moment où je cède à l'invitation de les réunir en brochure, de les renforcer et de les compléter par de nouvelles considérations.

Les problèmes de l'après-guerre

Je ne ferai qu'une rapide allusion à ce que j'ai déjà dit clairement de la situation politique, économique et sociale qui sera créée par la guerre dans les différents Etats. Mes pronostics m'ont déjà procuré quelques observations, non seulement de la part des ennemis, mais aussi de la part de quelques amis. J'affirmais, impossible, qu'après la conclusion de la paix, les populations se résignassent à supporter les charges très graves de la guerre passée jointes aux charges non moins graves de la préparation des guerres futures. On a voulu donner à mon opinion une signification utopique. On m'a attribué des espoirs de paix universelle et reproché de n'en pas donner la recette au public. Hélas, je ne possède ni recette ni spécifique d'un effet aussi admirable. Je ne sais pas si la paix universelle sera possible. Je sais seulement et je tiens à l'affirmer énergiquement, que le but de la civilisation doit être d'éloigner autant que possible la calamité de la guerre. Et à ceux qui qualifient cette conception d'utopie, qui ne savent pas entrevoir les nouveaux aspects que prendra la question sociale, qui ne s'entendent pas à découvrir les périls à venir, qui considèrent comme plus réaliste et plus pratique la conception du premier des hommes d'Etats allemands, lequel, dans la nouvelle édition d'un de ses livres bien connu, pense déjà aux armements qui suivront la paix et aux guerres futures, à ceux-là, je n'ai à faire qu'une seule réponse : c'est que les préparateurs des guerres futures pourront devenir, sans s'en douter, les préparateurs des révolutions futures.

Quant aux autres problèmes, s'il est vrai que je considère comme indispensable, dès à présent, pour les Alliés, de préparer leur accord sur le terrain que j'ai défini dans mon discours de Nice, si j'attribue, par conséquent, à la réalisation la plus rapide possible de l'engagement pris à la Conférence de Paris de supprimer, autant que faire se peut, les barrières qui ferment l'entrée des marchés nationaux, une importance non moins grande qu'au règlement, d'un commun accord, de la situation territoriale et politique de l'Europe future, cependant je crois préférable de renvoyer à plus tard, la discussion des problèmes de l'après-guerre, et cela, pour une raison de caractère préjudiciel.

Afin de poursuivre pendant un temps aussi long, une guerre qui impose de si lourds sacrifices, les peuples ont dû se constituer une mentalité spéciale par la fusion de leurs souvenirs historiques, de leurs traditions vivifiées, des aspirations, des revendications, des sentiments, des passions, des affections, des haines, de leur idéal, de leur exaltation patriotique et de leur héroïsme. C'est tout cet ensemble d'éléments qui forme, en somme, la *mentalité de guerre*. Cette mentalité est essentielle pour soutenir la prolongation de la guerre ; chaque peuple pourra continuer à se battre, tant qu'il la conservera, mais non pas plus longtemps. Après la guerre, il est évident que, dans chaque Etat, se présentera une situation politique, économique et sociale qu'il est difficile de prévoir, mais qui certainement ne sera plus celle de la guerre ; par conséquent, la mentalité des peuples ne pourra plus être non plus ce qu'elle aura été durant la guerre. Elle ressentira les effets du patriotisme, de l'abnégation, du sacrifice, de la concorde qui auront fleuri durant la guerre. Il est à espérer que les peuples sortiront de l'épreuve régénérés et améliorés ; mais, de toute façon, leur esprit ne sera plus le même. C'est pourquoi, il me semblerait imprudent de prétendre trouver, au cours de la guerre, des solutions inflexibles et invariables pour les problèmes de l'après-guerre. En effet, actuellement, ces solutions ne pourraient être que subordonnées à la guerre et préparées avec la mentalité de guerre. Or, quand elles devront être appliquées, il faudra les examiner avec la mentalité nouvelle de la paix enfin reconquise.

La Presse ennemie

C'en est assez sur ce sujet. Je passe maintenant aux faibles tentatives de réfutation dont mes discours ont fait l'objet de la part de quelques journaux allemands et autrichiens. Cet effort n'a, d'ailleurs, été tenté qu'après une période assez longue d'hésitation. Avant tout, je relèverai la diversité des appréciations touchant l'importance de mes discours. La *Neue Freie Presse* me toise de haut et déclare que mes discours *n'ont aucune importance parce que l'Italie compte peu en Europe et que, moi, je compte encore moins*. Au contraire, la *Kœlnische Zeitung* trouve dans mon discours du Trocadéro, *une exposition profondément pensée et soigneusement préparée de la politique italienne*. Le *Vorwaerts* reconnaît que mon discours à la Sorbonne représente *une des manifestations de pensée politique les plus complètes qui se soient produites durant la guerre*. Probablement, je ne mérite « ni cet excès d'honneur ni cette indignité ». Les journaux de l'autre côté des Alpes

se trouvent cependant d'accord sur deux points.
Ils affirment : 1° que j'ai cherché à faire oublier
mon passé de partisan, convaincu de la Triple-
Alliance en proclamant bruyamment mon adhésion à la nouvelle politique de guerre et d'union
avec la Triple-Entente ; 2° que, préoccupé avant
tout de l'accusation de trahison faite à l'Italie,
j'ai cherché à revendiquer la bonne réputation
et les très nobles traditions de loyauté de mon
pays, en repoussant l'accusation d'un manquement au pacte de la Triple-Alliance.

Je conteste la première affirmation ; je reconnais l'exactitude de la seconde.

L'Italie et la Triple-Alliance

La preuve de l'inconsistance de la première
affirmation se peut trouver dans mes discours
du Trocadéro et de la Sorbonne, à propos desquels la presse austro-allemande a inconsidérément formulé son accusation. Personne ne
pourra me faire le reproche de chercher la faveur populaire aux dépens de ma dignité et de
la cohérence de ma conduite, à moi qui, si souvent, ai eu l'occasion de remonter les courants
d'opinion et de défier l'impopularité. Je n'ai jamais tenté de faire oublier mon passé politique ;
loin de là, dans mes discours sur la guerre, j'ai
pris moi-même l'initiative de rappeler mon
passé, de le discuter et de l'affirmer à nouveau.

A la Sorbonne, j'ai dit : « Les hommes dont je
suis, qui, pendant de longues années, ont en

Italie, pratiqué loyalement l'alliance avec l'Autriche, servant la cause de leur pays et celle de la paix européenne, ne renient d'aucune façon leur passé ; au contraire, ils le revendiquent hautement ». Il me semble que c'est là parler haut et clair. Cette déclaration a provoqué les applaudissements de l'assistance nombreuse et choisie qui m'écoutait. Le public a prouvé ainsi qu'il appréciait plus le caractère que l'adulation et la dissimulation.

Déjà dans mon discours du Trocadéro j'avais montré clairement la sincérité, la continuité et la cohérence de la politique italienne durant et après la Triple-Alliance. Le président de la Chambre française, M. Paul Deschanel, prenant la parole dans cette réunion solennelle, le constatait dans les termes suivants : « De 1903 à 1909, M. Tittoni, Ministre des Affaires Etrangères, n'a pas cessé dans ses discours, toujours si vivement attendus au Parlement et dans le public italien, de répéter que l'Italie considérait la Triple-Alliance exclusivement comme une garantie de paix et qu'elle y restait dans sa pleine indépen**dance, avec le ferme propos de consolider ses rapports d'amitié avec la France et avec l'Angleterre.** » Du reste, ma politique n'avait pas été comprise autrement en Allemagne et en Autriche. Je pourrais faire de nombreuses citations de journaux autrichiens et allemands datant de l'époque où je fus ministre des Affaires Etrangères ; mais elles seraient moins concluantes que le jugement porté par un journal allemand alors que, depuis deux ans déjà, j'étais ambassadeur d'Italie à Paris. Voici ce qu'écrivait la *Schlesische Zeitung*, le 5 juillet 1912 : « Le plan de M. Tittoni, lorsqu'il fut appelé au ministère, fut de renforcer la Triplice, de regagner l'Autriche à l'Italie, mais aussi de cultiver les bons rapports avec la France et l'Angleterre pour se ménager une contre-assurance en cas de désillusion possible du côté de la Triplice ; d'intéresser les puissances à ses demandes au sujet de la Macédoine et surtout d'empêcher que le pacte de Muerzsteg ne portât préjudice à l'Italie ; de maintenir les bons rapports avec la Russie et le *statu quo* dans les Balkans. Tel fut le programme poursuivi par M. Tittoni durant les six années de son ministère. Bien plus, on trouve déjà dans un de ses discours, datant de 1908, ces paroles prophétiques : « J'ai réussi, de concert avec M. Iswolski, à améliorer les rapports italo-russes et je suis convaincu, qu'au moment opportun, cela aura une grande influence sur la direction de la politique étrangère italienne. »

Du reste, l'Allemagne et l'Autriche savaient fort bien que l'Italie ne pouvait approuver une agression éventuelle de leur part et qu'elle n'était pas obligée de les suivre. En mai 1909, la *Norddeutsche Allgemeine Zeitung*, organe tout ce qu'il y a de plus officieux du gouvernement allemand, publiait les paroles fatidiques suivantes : « Si la Triple-Alliance s'employait à des fins agressives, elle irait vers son affaiblissement et sa dissolution. » Si malgré cette conviction, l'Allemagne et l'Autriche ont voulu attaquer la Serbie et provoquer la guerre européenne, c'est qu'elles ont cru, si grave qu'en fût l'erreur, pouvoir suffire, à elles seules, à leur tâche d'agression.

L'honneur de l'Italie et ses nobles traditions

J'en viens à la seconde affirmation de la presse ennemie.

Une campagne perfide a été entreprise, dans les pays neutres, pour présenter l'Italie comme une puissance sans foi. Il faut reconnaître que cette campagne avait réussi à insinuer des doutes et des incertitudes chez ceux, et ils étaient nombreux, qui ne connaissaient pas les faits ou les connaissaient inexactement et imparfaitement. Les apostrophes véhémentes et les harangues vibrantes de patriotisme qui se succédaient en Italie ne pouvaient suffire à lever ces doutes et à chasser ces incertitudes. Des harangues de ce genre, la littérature de guerre nous en offre à foison dans tous les pays amis et ennemis ; mais si, dans les limites restreintes de chacune des nations belligérantes, elles peuvent servir à enflammer les esprits et à tenir vivant dans les cœurs le feu sacré du patriotisme, on doit avouer que, malheureusement, elles demeurent sans effet sur les ennemis et laissent les esprits des neutres froids et indifférents. En outre, cette littérature n'est pas destinée à survivre à la guerre ; il n'en pourra pas être tenu compte par l'histoire qui ne s'appuie pas sur les ailes de la fantaisie mais assied son jugement sur la base des documents et des faits. C'est pourquoi, réprimant l'émotion de mon âme et les impulsions de mon patriotisme, j'ai voulu retracer la position morale de l'Italie dans l'histoire, en un langage précis et mesuré, avec un raisonnement froid et sûr, en ne m'appuyant que sur les faits et sur des documents soigneusement et sévèrement contrôlés.

Les adhésions innombrables et autorisées qui me sont parvenues de tous les pays du monde me permettent d'affirmer que j'ai réussi dans mon dessein. La réfutation tentée en vain par la presse ennemie, à force d'artifices et de sophismes, confirme et contribue à mettre en lumière mon succès.

Non, l'Italie n'a pas violé les traités ; elle n'a pas manqué à ses nobles traditions. Elle reste ce qu'elle était : le pays classique du droit et de la justice, n'admettant pas l'oppression des faibles par les forts, le pays dévoué au grand idéal de la liberté et de l'indépendance des peuples. De ces grands principes, de ces généreux sentiments, nos grands maîtres se sont toujours faits les interprètes. Parmi ceux-ci, qu'il me soit permis d'en rappeler deux qui furent les précurseurs de toutes les conquêtes libérales du droit international moderne : Terenzio Mamiani et Pasquale Stanislao Mancini. On voudra bien m'autoriser même à rappeler qu'ils furent mes maîtres vénérés et que dans ma jeunesse j'ai suivi leurs leçons. Dès 1862, Mamiani annnonçait que « le remaniement territorial et politique de l'Europe se rapprochait de l'ordre rationnel, de la double autorité de la nature et de la conscience universelle, et sortait des étranges barrières dans lesquelles le Congrès de Vienne avait enfermé le pauvre troupeau humain ». En conséquence, il affirmait que le développement complet et la libre expansion d'une nation « arrive à son terme extrême le jour où les confins politiques se confondent avec les frontières nationales ».

Il prenait la défense des petits Etats et les paroles qu'il prononçait alors semblent avoir été dites pour la Belgique et la Serbie de 1914 : « Tout peuple autonome, quelle que soit l'infériorité de son territoire et de ses richesses, quelle que soit la faiblesse de ses défenses, doit pouvoir vivre sûr de lui et libre de ses actes en face des nations plus guerrières, si formidables soient-elles. » Et en ce qui concerne les traités, il en soutenait l'inviolabilité mais les déclarait caducs « lorsque les droits et les intérêts des peuples s'en trouvent gravement outragés ». Avec quelle justesse ce qu'il dit autre part ne s'applique-t-il pas à l'Allemagne et à l'Autriche, provocatrices de la guerre ! « Le cri de blâme de l'opinion mondiale est la première vengeance contre l'injustice des forts ; c'est une Némésis qui les poursuit toujours et partout. La seconde vengeance est le jugement de l'histoire qui n'est ni visible ni présente, mais qui n'en est pas moins certaine, éternelle, inexorable. » Et Mancini, en 1872, dans ses leçons dont je conserve les notes, rappelait avec orgueil que l'Italie « dans toutes les branches de sa législation donnait le splendide et généreux exemple de la justice internationale. Il affirmait que « la raison des nationalités à se constituer librement, à conserver et à défendre leur propre indépendance si elles la possèdent, ou à la revendiquer si la violence de l'étranger les opprime, se trouve désormais élevée à la dignité d'un droit sacro-saint et imprescriptible ». Tels sont les principes de civilisation et de progrès que l'Italie a toujours défendus et dont elle s'est toujours inspirée. Ceux qui ne le comprennent pas ne sauraient apprécier notre conduite à sa juste valeur.

A propos d'un de mes télégrammes

La lecture de l'ultimatum autrichien à la Serbie, à peine terminée, je télégraphiai au regretté marquis di San Giuliano, ministre des Affaires Étrangères, que cet ultimatum constituait une véritable provocation de guerre de la part de l'Autriche et que nous devions aussitôt faire une déclaration en ce sens à Berlin et à Vienne afin que, en aucun cas, on n'y comptât sur notre coopération. La publication de mon télégramme (reproduit par M. Gabriel Hanotaux dans sa préface) induisit deux journaux autrichiens, le *Fremdenblatt* et la *Reichspost* à tirer cette conséquence inattendue que je suis un des auteurs responsables de la guerre parce que, ayant communiqué mon télégramme aux hommes d'Etat français, — (les journaux cités, Dieu merci, ne l'affirment pas absolument, ils le supposent seulement « *selon toute probabilité* ») — je les ai poussés et encouragés à la guerre. Ce ne sont là que des conjectures sans consistance. Les hommes d'Etat français n'eurent aucunement connaissance de mon télégramme. C'était une dépêche secrète adressée sous forme exclusivement personnelle au ministre di San Giuliano. Si je l'avais communiquée au gouvernement français avant de connaître avec certitude la décision du gouvernement italien j'aurais manqué à mes devoirs envers le gouvernement que je représentais. Du reste, il est facile d'établir que la communication de mon télégramme au gouvernement français non seulement n'est pas *probable*, comme prétendent les journaux autrichiens, mais doit être considérée comme absolument *impossible*. On sait, en effet, que, rassuré par l'attitude du gouvernement autrichien durant la première moitié de juillet ; par celle de sa presse officieuse et de l'ambassadeur autrichien à Paris ; par le départ en congé de l'ambassadeur russe à Vienne à qui le comte de Berchtold, tout en préparant l'ultimatum dans l'officine de la Ballplatz, avait prodigué les déclarations les plus pacifiques ; rassuré par l'annonce du départ imminent du comte Berchtold pour Ischl, par le départ du Président de la République M. Poincaré et du président du Conseil, M. Viviani, pour la Russie et par les appréciations que ce dernier m'avaient exprimées le jour même de son départ sur la tranquillité complète de la situation internationale, je m'étais absenté moi-même pour un bref congé de vingt jours. Par conséquent, le texte de l'ultimatum autrichien à la Serbie me fut communiqué par un télégramme dans la soirée du 26 juillet. Il me parvint dans la mer polaire où je me trouvais à miné la lecture, je répondis par le radio-télégramme que reproduit la préface de M. Hanotaux, et ensuite je restai dans la mer polaire, sans pouvoir débarquer, sans n'avoir plus aucune communication avec la terre ferme, jusqu'au jour où le capitaine du navire reçut les radio-télégrammes lui annonçant d'abord la déclaration du *Kriegsgefahrzustand* puis, peu après, la déclaration de guerre. Par conséquent, non seulement il n'est pas *probable*, comme disaient les journaux autrichiens, que mon télégramme ait été communiqué au gouvernement français, mais, dans le cas où mon affirmation catégorique ne suffirait pas à exclure cette communication, les circonstances de fait prouvent qu'elle aurait été *absolument impossible*.

Mon télégramme visait un but absolument opposé à celui que m'attribuent les journaux autrichiens. Non seulement je n'ai jamais pensé à exciter la France à la guerre, mais j'espérais certainement que la déclaration conseillée par moi au Marquis di San Giuliano à l'adresse de Berlin et de Vienne, tout de suite, sans perdre une minute, pourrait inspirer, dans ces deux capitales, des conseils plus doux et obtenir l'effet de conserver la paix. Je vis immédiatement derrière l'ultimatum lui-même le prétexte mal choisi et encore plus mal façonné pour déclarer la guerre, et j'espérai que notre refus catégorique d'y participer, notifié en temps utile à Berlin et à Vienne, pourrait retenir les dirigeants allemands et autrichiens sur la pente fatale où ils s'étaient engagés. Mon espoir fut vain, mais mon dessein fut honnête, fut civil, fut humanitaire et, après en avoir donné la preuve, j'ai le droit de demander qu'il soit considéré comme tel même par les ennemis. Toutefois, je veux ajouter encore une remarque à ce sujet. Lorsque, à bord du *Prinz Friedrich Wilhelm*, je reçus le télégramme qui annonçait la déclaration du *Kriegsgefahrzustand*, précurseur de la guerre, la situation était vraiment dramatique, car il y avait là des passagers appartenant à neuf nationalités différentes, et cependant aucun incident ne vint aggraver la nervosité, la tristesse, l'attente impatiente et angoissée du voyage de retour qui me sembla, à moi, éternel, bien que le navire marchât à toute vitesse. Plusieurs passagers de diverses nationalités s'adressèrent à moi pour savoir ce que ferait l'Italie. Je gardai la réserve la plus absolue et, tout en blâmant l'ultimatum autrichien, je me contentai de manifester mon regret qu'on ne puisse pas réussir, avec un peu de bonne volonté, à éviter une guerre que je prévoyais longue, extrêmement sanglante et très coûteuse, une guerre qui, à tous, apporterait de grandes ruines. Mes paroles produisirent sur tous ceux qui s'entretinrent avec moi, y compris les Allemands, une forte impression. Un de ces derniers, après être rentré en Allemagne, m'écrivit une lettre dans laquelle il me disait que l'exaltation belliqueuse qu'il avait trouvée dans son pays l'avait soulagé, parce que « 'dans les jours pleins de soucis passés sur la mer polaire, nous étions si agités à cause des menaces de guerre et Votre Excellence aussi ne pouvait pas cacher son émotion et sa tristesse. » Je ne cite ce passage que pour montrer quel était mon état d'esprit à la fin de juillet 1914, au moment où éclata la guerre, pour mettre en relief la fausseté des insinuations intéressées de l'ennemi à mon sujet. En ce qui me concerne personnellement, la presse ennemie a appliqué la logique à rebours qui la guide dans tous ses raisonnements. L'Autriche veut opprimer la Serbie et l'humilier ; la Serbie à force de soumission, cherche à éviter, au moins en partie, l'oppression et l'humiliation. Eh bien, suivant la presse ennemie, la coupable n'est pas l'Autriche, mais la Serbie ! La Russie ne pouvant laisser écraser la Serbie, cherche à discuter avec l'Autriche ; les autres puissances, désireuses de maintenir la paix, font des propositions conciliantes ; l'Autriche repousse tout avec intransigeance. Eh bien, suivant la presse ennemie, la coupable ce n'est pas l'Autriche, mais tous les autres qui veulent se mêler de ce qui ne les regarde pas ! L'Allemagne viole la neutralité belge ; la Belgique résiste, l'Angleterre proteste. Eh bien, la faute retombe non pas sur l'Allemagne, mais sur la Belgique et l'Angleterre ! L'Autriche enfreint la lettre et l'esprit de la Triple-Alliance. L'Italie constate l'infraction et reprend sa liberté d'action. Eh bien, pour la presse austro-allemande, la traîtresse, c'est l'Italie ! J'avoue que contre cette logique, contre une telle mentalité et de telles méthodes, la discussion devient difficile. Poursuivons cependant jusqu'au bout la revue des autres journaux.

Les déclarations du ministre Sazonow

Le *Pester Lloyd* ne dit rien de mon argumentation décisive sur les responsabilités de la guerre. Peut-être se tait-il parce que, s'il avait dû en parler, il n'aurait pu manquer de porter sur mon discours de la Sorbonne le jugement, qu'en mai 1907, il porta sur un autre de mes discours : « Tittoni excelle non seulement à mettre en valeur sa propre argumentation mais à se servir avec une logique serrée des déclarations d'autrui. » Le journal hongrois ne s'occupe de mon discours que pour s'associer à mes conclusions. Tittoni a raison, dit-il, la marche de la guerre européenne est désormais absolument indépendante de la volonté des individus. Les hommes que le sort a placés à des postes de haute responsabilité ont pu contribuer à déchaîner les forces qui se mesurent dans la guerre mondiale, mais le développement ultérieur des événements n'est plus entre leurs mains, il est entre les mains du destin qui décide du succès et de la décadence des peuples. »

Le *Pester Lloyd* tire des joyeux auspices des succès allemands à Verdun et des succès autrichiens dans le Trentin. Mais il faut noter que son jugement est en date du 25 juin. Aujourd'hui certes, il n'oserait plus parler des succès des Allemands et des Autrichiens à Verdun et dans le Trentin ; il ne pourrait ignorer l'offensive de la Somme et de Salonique, la prise de Goritz, la victoire du Carso et l'intervention de la Roumanie aux côtés de l'Entente.

De même que le *Pester Lloyd*, la *Norddeutsche Allgemeine Zeitung* trouve difficile et désagréable d'affronter ma démonstration documentée des responsabilité de la guerre. Que fait-elle ? Elle s'en débarrasse tout d'un bloc en disant que mon argumentation est inutile et superflue après ce qu'a dit M. Sazonow. Mais, autant qu'il me semble, l'interview donnée par M. Sazonow au *Russkoie Slovo* ne contient rien qui puisse autoriser la *Norddeutsche Zeitung* à prétendre que M. Sazonow a « déchiré d'un geste brutal la toile d'araignée de mon raisonnement ». Voici la phrase de M. Sazonow telle que la rapporte la *Norddeutsche* : « M. Bethmann-Hollweg soutient que la France et la Russie n'auraient jamais osé accepter le défi de l'Allemagne si elles n'avaient été sûres de l'appui de l'Angleterre. Mais la situation politique réelle était la suivante ; que le Chancelier veuille ou non en convenir, en réalité la France et la Russie, malgré leur profond amour de la paix et leurs sincères efforts pour épargner l'effusion du sang, avaient décidé de briser à tout prix l'outrecuidance de l'Allemagne et de l'obliger, une fois pour toutes, à cesser de marcher sur les pieds de ses voisins. » Que l'on relise cette phrase autant que l'on voudra, on n'y pourra jamais trouver le dessein d'agression dont la *Norddeutsche* accuse la France et la Russie. Sazonow a voulu dire et il a dit que, même sans l'aide de l'Angleterre, la France et la Russie étaient décidées à résister à l'agression et à l'oppression de l'Allemagne. Bref, il n'a fait que répéter le propos qui réunit l'unanimité en Russie, lorsque, au mois de mars 1909, elle dut céder devant l'injonction de l'Allemagne de sanctionner immédiatement l'annexion de la Bosnie-Herzégovine, renonçant à toute garantie ainsi qu'à la conférence vers laquelle on s'acheminait, puisque, précisément à ce moment, je venais moi-même d'en proposer à nouveau l'idée, en des termes qui convenaient aussi bien à l'Autriche qu'aux autres puissances. Tout en cédant à l'intimidation germanique, la Russie s'était promis à elle-même que ce serait la dernière fois. Sazonow s'est borné à rappeler ce ferme propos. Il n'a rien dit, par conséquent, qui ne fût déjà de notoriété publique avant la guerre. Que les hommes d'Etat allemands et autrichiens qui ont provoqué la guerre ne se soient pas doutés de la décision russe, nous n'avons peut-être pas à trop nous en étonner ; ils ont montré tant d'autres ignorances !

La crise de 1909
L'action de l'Italie et de l'Angleterre

Il me faut revenir ici sur cette crise de 1909 et en parler avec quelque détail, car l'analogie est frappante entre la situation des premiers mois de 1909 et celle de juillet 1914. Il sera vraiment intéressant et instructif d'en mettre les particularités en lumière. J'apporterai ainsi une nouvelle contribution à l'histoire contemporaine et montrerai, encore une fois, la constance de la politique italienne ; celle d'aujourd'hui trouve son explication et sa raison d'être dans celle qui fut pratiquée antérieurement.

Je ne prétends point exposer ici à nouveau la question de la Bosnie-Herzégovine. Mon discours du 4 décembre 1908, à la Chambre italienne, en donne une idée claire et complète. Celle-ci fut d'ailleurs discutée à fond dans tous les pays ; il ne me semble donc pas qu'on puisse apporter quelque indication inédite sur la période qui s'écoula entre les mois d'octobre et de décembre 1908. Par contre, sur le début de 1909 règne une certaine obscurité; quelques nuages couvrent encore partiellement la période comprise entre le début de janvier 1909 et la présentation à Saint-

Pétersbourg (1) de l'ultimatum allemand. Essayons de les dissiper et nous nous apercevrons tout de suite que ce n'est pas l'Italie, ni ses alliés, qui ont à craindre la lumière. Au cours du mois de janvier, les relations entre l'Autriche et la Serbie n'avaient cessé d'empirer. Les Puissances, tout en démontrant clairement qu'elles n'entendaient pas faire un *casus belli* de l'annexion de la Bosnie-Herzégovine qui, ne modifiant en rien l'état de choses existant auquel personne ne trouvait à redire, ne constituait qu'une offense *idéale* au principe du respect des traités, n'avaient pas fait un pas vers la reconnaissance de l'annexion même. L'Autriche armait et gardait une attitude énigmatique. L'Allemagne était prête à soutenir l'Autriche en toute éventualité. L'Angleterre et l'Italie se préoccupèrent de l'incertitude de la situation et des risques qui en découlaient pour la conservation de la paix. Le 18 février 1909, le Secrétaire perpétuel du *Foreign Office*, sir Charles Hardinge, disait au chargé d'affaires d'Italie que l'Angleterre était sérieusement impressionnée par la nouvelle que l'Autriche préparait des mesures de coercition contre la Serbie, et qu'un conflit entre l'Autriche et la Serbie ne pourrait manquer de troubler la paix en Europe, en entraînant les autres Puissances à la guerre. Il proposait, en conséquence, de signifier à Vienne que les Puissances étaient prêtes à agir à Belgrade

---

(1) Lorsque je parle des événements antérieurs au décret qui changea le nom de Saint-Pétersbourg en Pétrograd, j'emploie toujours la première désignation. De même, je cite le baron d'Aehrenthal pour toute la période antérieure à sa nomination au titre de comte.

pour qu'on arrivât à éliminer tout motif de plainte de la part de l'Autriche.

En ma qualité de ministre des Affaires Etrangères, j'étais depuis plusieurs jours déjà sous le coup de la même préoccupation. Je me hâtai donc de télégraphier à l'ambassadeur d'Italie à Berlin la communication de Sir Charles Hardinge, m'y associant pleinement et ajoutant que j'estimais essentiel le *concours du cabinet de Berlin, concours sans lequel l'action diplomatique auprès du gouvernement austro-hongrois perdrait toute efficacité*. En effet, pour éviter le conflit menaçant avec la Serbie, il ne s'agissait de rien d'autre que d'accomplir auprès de l'Autriche-Hongrie une démarche amicale, sous une forme et dans des limites de nature à sauvegarder la susceptibilité la plus ombrageuse. J'insistai donc avec le plus grand soin auprès du gouvernement allemand pour qu'il adhérât à la démarche proposée par l'Angleterre ; je laissai entendre que tout dépendait de sa décision et que, dans ma conviction, c'était là la dernière chance d'empêcher une rupture dont dériveraient les plus graves conséquences pour l'Europe tout entière. Les intérêts suprêmes de la paix étaient en jeu, ces intérêts pour lesquels le gouvernement allemand, dans des circonstances récentes, avait montré tant de sollicitude. En conséquence, je nourrissais la confiance qu'il voudrait bien compléter son œuvre en mettant au service de ces intérêts pacifiques l'influence prépondérante qu'il exerçait auprès du gouvernement austro-hongrois.

En même temps, je télégraphiais au Chargé d'affaires d'Italie à Londres, la satisfaction que me procurait l'initiative anglaise, insistant pour qu'elle se développât sans retard et me déclarant prêt à m'y associer chaleureusement.

De ces précisions, il résulte que l'Angleterre et l'Italie, en face du péril d'une agression de l'Autriche contre la Serbie, se comportèrent en 1909 comme en 1914, se préoccupant avec un zèle louable et un esprit conciliant de la conservation de la paix et faisant tout leur possible pour éviter une guerre dont elles prévoyaient dès lors qu'elle s'étendrait à toute l'Europe.

Nouvelle tentative en faveur de la conférence

Nous traversâmes ensuite une période de conversations qui ne procurèrent pas de résultat appréciable : protestations d'intentions pacifiques de la part de tout le monde, répétition de la part de l'Allemagne, de son intention de demeurer du côté de l'Autriche en toute éventualité, récriminations de l'Autriche contre la Serbie. Ce fut alors que je pensai trouver une issue en faisant revivre le projet de conférence, proposé par l'Angleterre et la Russie au début de la crise de la Bosnie-Herzégovine et repoussé par l'Autriche. Il me semblait que, la question de Bosnie-Herzégovine une fois réglée entre les grandes puissances, toute agitation devrait cesser en Serbie et que, par suite, l'Autriche n'aurait plus ni raison ni prétexte de troubler la paix. En conséquence, tandis que toutes les Puissances exerçaient une action modératrice à Belgrade, je proposai la réunion de la Conférence et, comme la répugnance de l'Autriche à y accéder dérivait du programme indéterminé et illimité de la conférence même, je suggérai d'en circonscrire étroitement l'objet aux points sur lesquels désormais toutes les Puissances étaient d'accord, à savoir : reconnaissance du traité entre l'Autriche-Hongrie et la Turquie concernant la Bosnie-Herzégovine ; reconnaissance de l'indépendance de la Bulgarie, modifications à l'article 29 et abolition de l'article 25 du traité de Berlin. Ma proposition, tout d'abord, rencontra des hésitations et des doutes, puis, peu à peu, finit par s'imposer. Elle demeura secrète pendant quelque temps mais, au milieu de mars, lorsqu'elle fut portée à la connaissance du public, elle fut accueillie avec satisfaction par la presse européenne. Les journaux italiens furent unanimes dans leurs louanges ; la presse austro-hongroise ne se montra pas moins favorable. Il serait trop long de citer toutes les feuilles de la double Monarchie à ce sujet. J'en choisirai quatre prises à dessein parmi les plus intransigeantes. La *Reichspost* écrivait : « La journée d'aujourd'hui, 17 mars, a marqué une amélioration due avant tout à l'attitude pleine de tact de l'Italie ». Le *Vaterland :* « C'est sur le succès de la proposition italienne qu'il faut faire porter les plus grandes espérances. Si cette proposition atteint son plein effet, et si elle se fait accepter par la Serbie, on devra reconnaître unanimement au gouvernement italien le mérite d'avoir sauvé et maintenu la paix. » — La *Zeit :* « La détente de la situation internationale est la conséquence de la proposition italienne. Parmi les propositions qui constituent par elles-mêmes un symptôme pacifique, celle de l'Italie a été accueillie par le ministère des Affaires Etrangères impérial et royal, lequel a déclaré l'accepter au cas où les autres puissances y accéderaient. En s'associant à la proposition italienne, les autres Puissances rendront un grand service à la paix. » — Le *Pester Lloyd* : « Il faut examiner avec sympathie la proposition de M. Tittoni. Elle groupe d'une manière logique les résultats politiques de ces derniers mois. Elle touche au nœud du problème et apparaît comme le moyen le plus pratique pour en arriver à la Conférence. »

A Berlin, la proposition ne pouvait trouver qu'une seule réserve : le consentement de l'Autriche. L'officieux *Lokal Anzeiger* déclarait que la proposition italienne avait produit une impression excellente, et, plus tard la *Norddeutsche Allgemeine Zeitung* entonnait un hymne de louanges à mon adresse : « Lorsque, plus tard, on écrira l'histoire de la période qui se termine en ce moment, on constatera, sur la foi des documents, que la politique suivie par M. Tittoni, en plein accord avec son souverain, a contribué essentiellement à la so'ution des difficultés issues de la crise orientale. Plus les événements éclaireront les faits, plus on appréciera, tant en Italie qu'au-delà de ses frontières, le mérite de la politique italienne et la part qu'elle a prise au maintien de la paix. »

L'action imprévue en Allemagne

La satisfaction était générale, le cauchemar de la menace de guerre se dissipait, l'Europe respirait libérée d'un pesant souci. La crise de la Bosnie-Herzégovine pouvait se terminer pacifiquement dans la forme voulue par le droit international, sans laisser derrière elle de regrets ni de rancœur. Pourquoi donc ces heureux pronostics ne se réalisèrent-ils pas ? Pour ma part je ne réussis pas encore à m'en rendre bien compte et je crois que les historiens futurs auront assez de mal à éclaircir ce point. S'li est vrai que la violence nécessaire s'explique *quand bien* même elle ne se justifie pas, la violence inutile est aussi injustifiable qu'incompréhensible. Pourquoi l'Allemagne choisit-elle précisément le moment où la crise de Bosnie-Herzégovine s'acheminait vers la solution, dans les formes légales, avec l'accord de tous, de façon à laisser une situation tranquille que n'obscurcirait aucun ressentiment, que ne compliquerait aucune difficulté pour l'avenir, pourquoi choisit-elle ce moment pour intimer à la Russie, en la menaçant de guerre, de reconnaître immédiatement l'annexion en renonçant à la Conférence ? C'est là ce que je n'ai jamais réussi à m'expliquer ; c'est pour moi, aujourd'hui encore, une énigme. A une solution pacifique acceptée par l'Autriche et qui aurait satisfait tout le monde, l'Allemagne, cédant à je ne sais quelle impulsion, a préféré une solution brusque dont le succès suscita chez elle la tentation de tenter à nouveau un semblable procédé dans une situation analogue. C'est donc l'Allemagne qui, dès ce moment, a semé le premier germe de la guerre actuelle. Son acte fut à mon avis, une très grave erreur ; la plus grave erreur peut-être de la politique allemande durant une longue période d'années. L'Allemagne blessa l'amour-propre de la Russie sans nécessité et, sans que l'on puisse encore s'en expliquer la raison, troubla la cordialité de ses rapports avec cette Puissance.

Je vais essayer de reconstituer les événements sur la base des documents et de mes souvenirs personnels.

Nous étions aux derniers jours de mars. De Berlin je n'eus aucun indice annonciateur de la démarche que l'Allemagne se proposait de faire dès le 15 mars. Le Chancelier et le Secrétaire d'Etat des Affaires Etrangères, tout en réservant la réponse officielle, s'étaient déclarés personnellement bien disposés pour la Conférence conçue dans les termes où je l'avais définie en faveur de laquelle les ambassadeurs de France et d'Autriche-Hongrie s'étaient prononcés avec beaucoup de chaleur.

Des nouveaux projets allemands, je n'eus qu'un seul indice provenant de Vienne, le 16 mars, mais, suivant la méthode traditionnelle en Autriche, cet avis était conçu en des termes tellement vagues qu'ils ne permettaient de rien prévoir de ce qui arriva par la suite. M. Mueller, chef de section du ministère des Affaires Etrangères autrichien, se rendit à l'Ambassade d'Italie à Vienne pour l'avertir que le baron d'Aehrenthal, avant de donner la réponse définitive à ma proposition concernant la conférence qui, dès le début, avait été considérée avec la plus grande sympathie, devait attendre que le gouvernement allemand ait reçu la réponse à une proposition qu'il avait faite au gouvernement russe. Les questions de notre ambassadeur au sujet du contenu de cette proposition allemande, ne reçurent de M. Mueller aucune réponse concluante.

A la même date, le baron d'Aehrenthal télégraphiait au comte Lutzow en termes analogues. Cependant la communication allemande à Saint-Pétersbourg avait eu lieu. Le 23 mars, la Russie acceptait l'exigence de l'Allemagne de reconnaître, sans autre forme de procès, l'annexion de la Bosnie-Herzégovine. Toutefois, le 24 mars, on n'en savait rien ni à Londres ni à Rome.

Je garde très vif le souvenir de cette matinée du 25 mars où l'huissier de la Consulta m'annonça la visite de l'ambassadeur d'Allemagne, le comte Monts. J'avais momentanément interrompu mon travail, je m'étais mis à la fenêtre d'où mon regard rencontrait, au premier plan, les Colosses de la Place du Quirinal, ces Colosses dont Gœthe disait que ni les yeux ni la pensée ne suffisent à les embrasser ; plus loin, j'apercevais la coupole de Saint-Pierre et le Monte Mario caressés, ce matin-là, par le sourire du splendide printemps romain. C'est devant ce cadre magnifique, unissant la beauté de la nature à celle de l'art, qu'eut lieu ma conversation avec le comte Monts. D'un air grave il m'annonça une communication de la plus haute importance. Il était chargé par son gouvernement de me demander la reconnaissance immédiate de l'annexion de la Bosnie-Herzégovine. Je répondis au comte Monts en exprimant tout mon étonnement pour cette demande qui me semblait inopportune et injustifiée au moment où ma proposition de régler la question par le moyen d'une Conférence dont le programme serait réglé d'avance, venait de rencontrer la faveur générale. Le comte Monts répliqua que la conférence était devenue inutile du fait que la Russie avait déjà, sur la demande de l'Allemagne, accepté de reconnaître sans autre formalité, l'annexion de la Bosnie-Hergovine. Les autres puissances ne pouvaient que suivre son exemple. Je fis observer au comte Monts, que, de Saint-Pétersbourg je n'avais encore reçu aucune communication à se sujet et que, de toute façon, j'avais solennellement déclaré à la Chambre italienne que l'Italie pourrait accepter l'annexion de la Bosnie-Herzégovine du moment où elle serait accompagnée non seulement de l'abolition de l'article 25 du traité de Berlin, mais encore de la modification de l'article 29 ; que, de ces deux conditions, la première seulement avait été réalisée et que par conséquent je devais attendre l'accomplissement de la seconde. Le comte Monts me demanda si cette réponse représentait mon dernier mot et, sur ma réponse affirmative, il se préparait à prendre congé, lorsque l'huissier m'annonça le comte Lutzow, ambassadeur d'Autriche-Hongrie. Je priai le comte Monts de demeurer et, en sa présence, je mis le comte Lutzow au courant de notre entretien. Le comte Lutzow s'empressa d'affirmer que personne ne pouvait penser que le baron d'Aehrenthal voulût se refuser à la modification de l'article 29 du traité de Berlin, mais que de toute façon, il allait lui télégraphier immédiatement. Ainsi prit fin notre entretien.

Ce qui advint par la suite se trouve mis en lumière par le Livre Rouge autrichien de 1909 (*Diplomatische Aktenstuencke betreffend Bosnien und die Hercégovina*). La traduction italienne des documents relatifs à l'article 29 du traité de Berlin fut publiée par moi dans le journal *La Tribuna* de Rome du 22 septembre 1915. Il en résulte que les modifications de l'article 29 du traité de Berlin furent arrêtées dans les notes échangées entre moi et le baron d'Aehrenthal et que ces notes furent communiquées aux Puissances qui en prirent acte. Le comte Lutzow a cherché postérieurement à diminuer la valeur de ces documents, dont les principaux portent sa signature et dont il résulte que l'Autriche modifia l'article 29 du traité de Berlin sur la demande de l'Italie. Il a soutenu que les documents diplomatiques ne sont qu'une forme extérieure, privée de toute valeur probante. C'est une théorie comme une autre. Mais le comte Lutzow ne pouvait espérer la faire accepter ni par moi ni par le public. Elle n'a pas eu plus de succès que la théorie des *chiffons de papier*. Le comte Lutzow affirme que le baron d'Aehrenthal pensa à l'abolition de l'article 25 et à la modification de l'article 29 du traité de Berlin dès les premiers jours d'octobre 1908. Personne ne met cette affirmation en doute. M. Iswolski lui aussi eut la même idée, précisément à ce moment et m'en fit part ; moi-même je l'eus également, comme il appert d'une note écrite, transmise par moi, le 4 octobre 1908, au baron d'Aehrenthal. Cela prouve que quelquefois les beaux esprits se rencontrent, mais ne peut diminuer et, en fait, ne diminue pas la valeur des actes diplomatiques postérieurs.

A Londres, entre Sir Edward Grey et le comte Wolff-Metternich, se passait une scène analogue à celle qui s'était déroulée à Rome entre moi et le comte Monts, cependant un peu plus vive et agitée. La presse du moment s'est longuement entretenue de l'intonation menaçante que Sir Edward Grey crut distinguer dans la communication de l'ambassadeur d'Allemagne et des paroles dont il pensa devoir la relever. Je ne m'occuperai donc pas de la forme de la conversation, je n'insisterai que sur son objet même.

La réponse de Sir Edward Grey fut sérieuse et digne. Il dit qu'il consentirait à reconnaître officiellement l'annexion de la Bosnie-Herzégovine à deux conditions : 1° que l'Autriche-Hongrie acceptât la médiation des Puissances pour régler son conflit avec la Serbie ; 2° que le gouvernement italien lui communiquât avis que ses demandes au sujet de l'article 29 du traité de Berlin étaient satisfaites.

Le baron d'Aehrenthal s'empressa d'obtempérer à la première condition par une déclaration faite à l'ambassadeur britannique à Vienne le 27 mars. La médiation eut son plein effet par la présentation à Vienne, le 31 mars, de la déclaration de la Serbie dont il est fait mention dans mon discours à la Sorbonne.

Quant à la seconde condition, elle constituait un acte de déférence pour l'Italie et j'y fus extrêmement sensible. Par l'intermédiaire du marquis di San Giuliano, alors ambassadeur à Londres, je fis parvenir mes remerciements à Sir Edward Grey. J'ai déjà dit que la question de la modification de l'article 29 du traité de Berlin fut réglée entre le baron d'Aehrenthal et moi au moyen d'un échange de notes. Le 8 avril, le baron d'Aehrenthal, par l'intermédiaire de notre ambassadeur à Vienne, me priait de ne pas tarder à informer le gouvernement britannique de l'accord intervenu entre l'Autriche-Hongrie et l'Italie au sujet de la modification de l'article 29 du traité de Berlin, Sir Edward Grey ayant subordonné à cette condition son adhésion à l'abolition de l'article 25 du traité même. Le 10 avril, je donnais à Londres l'assurance qui m'avait été réclamée et, le 13 avril, Sir Edward Grey consignait par écrit à l'ambassadeur d'Autriche-Hongrie la déclaration que celui-ci désirait.

Ainsi la crise de la Bosnie-Herzégovine et le conflit austro-serbe prirent fin par une étroite collaboration anglo-italienne. Toutes les puissances purent nourrir l'espérance d'avoir éliminé le danger même pour l'avenir. Cet espoir fut vain, parce que l'Allemagne et l'Autriche se réservaient de ressusciter le danger au moment où il leur conviendrait. Tout le monde sait aujourd'hui comment elles le firent, avec quelles intentions, quelles méthodes et quels résultats.

Analogie entre la crise de mars 1909 et celle de juillet 1914

Est-il vrai ou non que, le 31 juillet 1914, l'Autriche-Hongrie eut un moment de récipiscence et fit une proposition conciliante, se déclarant prête à discuter avec la Russie la substance même de l'ultimatum à la Serbie ? S'il en était ainsi, l'analogie entre la situation de 1914 et celle de 1909 serait parfaite, puisque, de même qu'en 1909, l'Allemagne mit Saint-Pétersbourg en demeure de céder, précisément au moment où j'avais presque réussi à faire accepter à toutes les Puissances, une proposition conciliante, ainsi, en 1914, elle aurait déclaré la guerre à la Russie précisément au moment où l'Autriche, abandonnant sa rigide intransigeance, se déclarait prête à discuter avec elle.

Mais c'est là pour moi un point sujet à controverse, un point sur lequel règne le mystère et qui devra être élucidé par l'histoire (1). En tout cas, il ne s'agit que d'une curiosité historique et de rien d'autre, car la démarche de Berchtold serait arrivée trop tard, à un moment où déjà le sort en était jeté et où l'Allemagne avait déclaré la guerre à la Russie.

De toute façon, il est certain que plus on étudiera la crise des premiers mois de 1909 plus on verra se confirmer la ressemblance avec celle de juillet 1914. Toute nouvelle recherche fera surgir des documents qui aggraveront la condamnation de la conduite de l'Allemagne et de l'Autriche en 1914. Je vais en glaner quelques-uns parmi ceux qui me sont tombés sous les yeux.

Dans les négociations avec les Puissances de l'Entente et avec l'Italie, entre le 26 et le 31 juil-

---

(1) M. G. Hanotaux dans son *Histoire de la Guerre* dit que la démarche conciliante de Berchtold est possible, voire probable, et qu'en général on y prête foi. Par contre, M. Pierre Bertrand, dans son livre récent, *l'Autriche a voulu la grande Guerre*, consacre un chapitre entier à démontrer qu'il ne s'agit là que d'une légende et que les dispositions conciliantes *in extremis* de l'Autriche n'ont jamais existé.

let 1914, l'Allemagne a affirmé que si l'Autriche avait accepté la médiation des Puissances et s'était abstenue d'attaquer la Serbie, elle aurait manqué à sa propre dignité, terni son honneur et serait déchue du rang de grande puissance. Or, le 26 mars 1909, pour régler son conflit avec la Serbie, le baron d'Aehrenthal accepta la médiation et promit de s'abstenir, tout le temps qu'elle durerait, d'attaquer la Serbie. Personne en Allemagne ne pensa alors qu'Aehrenthal avait souillé l'honneur, compromis la dignité et le prestige de son pays ; bien des gens au contraire, en Allemagne et en Autriche, estimèrent que l'Autriche avait fait acte honorable en s'abstenant d'écraser un petit Etat. Grande sera la surprise de mes lecteurs en m'entendant affirmer que, parmi ceux qui pensaient ainsi, se trouvait l'archiduc François-Ferdinand en personne, la victime de l'horrible attentat de Sarajevo. On a dit que l'archiduc François-Ferdinand était partisan de la guerre à tout prix ; on a répété que dans la fameuse entrevue de Konopitsch il l'avait préparée d'accord avec l'empereur Guillaume II, mais de ces allégations personne n'a été en mesure de fournir la preuve. Au contraire, en mars 1909 la *Zeit* qui réflétait les idées de l'entourage de l'archiduc, démentant les projets de guerre qui lui étaient attribués s'exprimait ainsi : « On assure de source autorisée que l'archiduc s'est exprimé à de nombreuses reprises en ce sens que l'on ne devait rien négliger pour éviter une guerre dans laquelle il n'y avait à recueillir ni avantages matériels ni avantages moraux. Il aurait manifesté cette opinion non seulement aux généraux, mais encore au ministre des Affaires étrangères auquel il aurait dit textuellement : le fort doit être indulgent avec le faible.

Le fort doit être indulgent avec le faible ! Tel était l'avertissement d'outre-tombe que le comte Berchtold et le comte Tisza ne voulurent pas entendre.

Dans le même sens s'était prononcée, quelques jours auparavant, la presse allemande qui avait conseillé à l'Autriche-Hongrie de ne pas attaquer la Serbie, l'avertissant que si elle le faisait, la responsabilité de la guerre retomberait sur elle.

Les *Hamburger Nachrichten*, exprimant la même pensée que l'archiduc François-Ferdinand, écrivaient : « User de prudence envers un pays beaucoup plus petit est un mérite pour une grande Puissance. » Les *Münchener Neueste Nachrichten* disaient de même : « La guerre est-elle nécessaire ? Serait-elle avantageuse à la monarchie austro-hongroise ? Vaincre la Serbie ne serait pour l'Autriche ni glorieux ni utile. L'Autriche pourra, sans guerre, sortir à son honneur de ces difficultés ; l'Allemagne l'espère bien. » Le *Berliner Tageblatt*, approuvant la proposition de conférence, disait : « Espérons que le gouvernement allemand voudra user de toute son influence à Vienne pour amener le gouvernement austro-hongrois à prendre une attitude plus conciliante. » Enfin la *Frankfurter Zeitung* : « La décision de la paix et de la guerre est entre les mains de l'Autriche. Tant que, à Vienne, on ne voudra pas la guerre, la paix sera maintenue. Toute controverse prendrait fin si les hommes d'Etat autrichiens admettaient de traiter avec la Serbie par l'intermédiaire des Puissances. »

Si les conseils tellement sages et opportuns que les journaux allemands donnaient à l'Autriche-Hongrie en mars 1909 avaient été répétés par l'Allemagne en juillet 1914, la guerre aurait été évitée.

Ce fut au contraire la déclaration de l'Allemagne que, en toute circonstance, elle marcherait avec l'Autriche-Hongrie, qui poussa cette dernière dans la voie de la folie et de la violence. J'ai déjà signalé que la réussite du coup tenté à Saint-Pétersbourg en mars 1909 détermina l'Allemagne à renouveler le procédé en juillet 1914 ; elle en espérait le même succès que la première fois. Un curieux incident le confirme pleinement. L'ambassadeur d'Allemagne à Saint-Pétersbourg, le comte de Pourtalès, au lieu de la note qui déclarait la guerre, en remit par erreur une autre, dans laquelle l'Allemagne exprimait sa satisfaction pour l'acceptation de ses prétentions par la Russie. Quelques heures après le comte de Pourtalès s'aperçut de l'erreur ; il vint reprendre la note pacifique et présenter la note belliqueuse. La note pacifique avait été préparée avant que la Russie ne répondît, tant à Berlin et à l'Ambassade d'Allemagne de Saint-Pétersbourg on était persuadé que la Russie ne pouvait faire autrement que de céder. Je sais qu'à Vienne on partageait cette conviction dans le petit groupe des hommes qui provoquèrent la guerre avec la légèreté et la méchanceté des gamins qui jettent une allumette enflammée sur un tas de matières explosives.

Ainsi donc, on ne peut trouver aucune justification, aucune circonstance atténuante en faveur de la politique de l'Allemagne et l'Autriche-Hongrie en juillet 1914. Leur politique étrangère, en ces jours tragiques, est bien celle qui fut stigmatisée par Guizot en des paroles éloquentes qui me sont revenues à l'esprit en diverses circonstances de ma vie publique : « C'est surtout au-delà des frontières, qu'à travers l'éclat des guerres et l'habileté des négociations, se sont déployées les passions grossières et ignorantes des princes et des peuples. L'imperfection des gouvernants a toujours été grande, mais bien plus grande dans les affaires du dehors que dans celles du dedans. La politique extérieure a été le théâtre favori de la violence brutale ou habile, de la fraude et de la badauderie, de l'égoïsme imprévoyant et de la crédulité emphatique. Dans aucune autre de leurs fonctions, les gouvernements n'ont été si indifférents au bien ou au mal, si légers ou si pervers ou si chimériques ; sur aucun autre sujet les peuples ne se sont montrés si ignorants de leurs intérêts véritables, si prompts à n'être que des instruments et des dupes. » Terrible mais juste réquisitoire qui semble formulé à propos de la guerre actuelle !

Vaine tentative de réfutation officieuse de mes discours de la part de l'Autriche.

On aura remarqué que, parmi les journaux allemands et autrichiens qui se sont occupés de mon discours à la Sorbonne, aucun n'a tenté d'apporter des faits et des preuves pour réfuter mes affirmations documentées au sujet de la responsabilité de la guerre. Une tentative de ce genre a cependant été faite, avec un notable retard, le 16 juillet dernier, par la *Neue Freie Presse*. A mon langage sévère mais mesuré et correct, le journal viennois a opposé une avalanche d'injures (1). Si je voulais les receuillir il me faudrait descendre des hauteurs où j'ai élevé la question des responsabilités de la guerre. Sur ces cîmes resplendit la sérénité et l'impartialité de l'histoire, sérénité et impartialité dont je ne me suis jamais départi dans mon argumentation et mes jugements. Du reste, à toutes les injures ennemies présentes et futures, M. Salandra, dans son mémorable discours du Capitole, a répondu dignement une fois pour toutes et au nom de tous les Italiens (2).

A mon raisonnement précis, serré, documenté, la *Neue Freie Presse* oppose des divagations au milieu desquelles il n'est pas facile de la suivre. Je résumerai cependant les points dans lesquels sa tentative de réfutation assume au moins l'apparence de la précision.

Au début de l'article du journal viennois, on trouve à courte distance les deux périodes sui-

---

(1) Voici les fleurs les plus parfumées de la prose ennemie : « Le discours de Tittoni est un tissu de mensonges. — Tittoni ment effrontément. Tittoni est convaincu de mensonge. — L'affirmation de Tittoni est cyniquement contraire à la vérité. » — Le plus beau est que, mes affirmations étant fondées sur les déclarations d'Aehrenthal et de Berchtold, c'est eux que l'accusation de mensonge va frapper en pleine poitrine.

(2) « Je ne saurais, même si je le voulais, imiter leur langage. Le retour atavique à la barbarie primitive, nous est plus difficile, à nous Italiens, qui avons sur eux l'avantage de vingt siècles de civilisation. »

vantes : « Tittoni dit que l'Autriche recourait constamment à la mobilisation. C'est faux ». — Peu après on lit : « Du reste les mobilisations continuelles de l'Autriche-Hongrie sont une preuve qu'elle agissait par mesure de défense, se sentant à tout moment menacée par les intrigues russo-serbes. » Mais voyons, ces fameuses mobilisations, l'Autriche les faisait-elle oui ou non ? Quelle tâche difficile que de chercher à mettre la *Neue Freie Presse* d'accord avec elle-même. La vérité est que l'Autriche mobilisait à tout bout de champ et que sa mobilisation mettait en danger la paix de l'Europe. Fidèle à mon principe de prouver ce que j'affirme par des témoignages et de ne recourir qu'à ceux de mes adversaires eux-mêmes, à qui on ne peut opposer l'exception de partialité ou de suspicion, je rappellerai ce que publièrent, le 17 mars 1909, les *Hamburger Nachrichten* : « Les armements et les dépenses de l'Autriche pour la mobilisation ont atteint un tel point qu'elle ne peut plus, pour ainsi dire, s'abstenir de faire la guerre ! »

Continuons. On affirme dans la suite que : « le marquis di San Giuliano, durant l'été de 1914, a admis, devant l'ambassadeur d'Autriche-Hongrie à Rome, que les preuves contenues dans le memorandum du gouvernement d'Autriche-Hongrie, lui avaient donné beaucoup à penser, et que le secrétaire général du ministère des Affaires étrangères, sous l'impression profonde des Annexes de la note à la Serbie, a reconnu expressément le caractère défensif de l'action austro-hongroise et qu'il a réclamé et obtenu, du marquis de San Giuliano, l'autorisation de dire à M. de Merey qu'il considérait le refus du gouvernement italien à remplir ses devoirs d'allié comme injustifié et résultant d'une erreur. »

L'attitude du marquis di San Giuliano ne peut avoir été celle que lui attribue l'ambassadeur von Merey dans les documents publiés au Livre Rouge autrichien. L'ambassadeur austro-hongrois a rapporté sa conversation avec notre ministre des Affaires étrangères avec la même inexactitude apportée par son collègue de Londres, le comte Mensdorf, dans la relation de sa conversation avec Sir Edward Grey. L'attitude du marquis di San Giuliano appert d'un télégramme qu'il envoya aux ambassadeurs d'Italie à l'étranger, télégramme dans lequel il est dit que l'ambassadeur de Merey en lui présentant le texte de l'ultimatum à la Serbie *ne lui demanda ni appui ni avis*, et que par conséquent il n'eut à exprimer aucune appréciation. Du reste, le marquis di San Giuliano n'aurait pu se mettre en contradiction avec le président du Conseil M. Salandra, lequel, le même jour, déclara à l'ambassadeur d'Allemagne, Flotow, que l'Italie ne se voyait pas dans l'obligation d'intervenir au cas où, en raison de l'agression de l'Autriche, l'Allemagne se trouverait en guerre avec la Russie. D'ailleurs, le marquis di San Giuliano lui-même répéta cette déclaration au baron Flotow après l'ultimatum allemand à Saint-Pétersbourg. Quant au secrétaire général de notre ministère des Affaires étrangères, j'ai eu l'occasion de m'entretenir plusieurs fois avec lui de ce sujet. Je ne m'arrêterai pas sur la dernière partie des déclarations qui lui sont attribuées. Elle est tellement ridicule et en contradiction avec tous les documents diplomatiques qu'un démenti de sa part apparaîtrait superflu. Comment supposer que le marquis di San Giuliano, tandis qu'il soutenait courageusement contre nos anciens alliés la thèse de notre neutralité comme conforme à la lettre et à l'esprit de la Triple-Alliance, aurait-il autorisé le secrétaire général à dire précisément le contraire ? Des inventions aussi fantastiques nous transportent du champ de la réalité dans celui de la fable. Quant à la première partie, M. de Martino m'a toujours dit avoir fait observer ironiquement à M. von Merey combien il était étrange que la petite Serbie pût menacer, ainsi que l'affirmait l'ultimatum, rien moins que l'intégrité de la monarchie austro-hongroise. C'est cette phrase ironique qui fut transformée, par M. de Merey, en une affirmation favorable à sa thèse.

La *Neue Freie Presse* revient sur les négociations pour les concessions territoriales à l'Italie. Il me paraît inutile d'insister sur ce point après les déclarations faites par le comte Tisza au Parlement hongrois le 23 août, déclarations dont le député Rakowski déplora, dans l'intérêt de l'Autriche-Hongrie, que la censure ait permis la publication. Le comte Tisza s'est félicité de ce que ces tentatives aient fait perdre du temps à l'Italie et aient retardé son intervention jusque après la victoire de Gorlice, de façon à permettre à l'Autriche de dégarnir la frontière serbe et de rassembler des forces suffisantes pour parer l'attaque italienne. Les paroles du comte Tisza rappellent à mon esprit la tactique employée en 1813 par Metternich contre Napoléon. Metternich conçut le plan de se poser en médiateur, de faire à la France des offres de systémation territoriale qu'il était décidé à ne pas tenir, et qu'il savait inacceptables pour Napoléon, de varier continuellement ses propositions, de discuter longuement chacune d'elles, de faire perdre le plus de temps possible, pour donner le temps à l'Autriche de terminer ses armements et, une fois ceux-ci achevés, d'interrompre les négociations avec la France, de s'unir à la Prusse (qui était secrètement complice du plan de Metternich et y adhérait), à la Russie et, avec toutes leurs forces réunies, d'écraser la France. Les instructions aux négociateurs étaient ainsi libellées : « Continuer à jouer avec autant de circonspection que d'adresse le rôle d'allié fidèle de la France, la tenir en parfaite sécurité, ne pas décliner expressément de nouvelles exigences de sa part et la nourrir de vaines espérances. » (1) Le succès de Metternich fut complet et eut son épilogue à Fontainebleau. Le comte Tisza et le comte Berchtold ont eu moins de chance.

La *Neue Freie Presse* abandonne complètement le motif de l'assassinat de Sarajevo pour justifier l'ultimatum à la Serbie et accepte sans réserve la thèse de M. von Jagow, à savoir que ce ne fut là qu'un prétexte pour provoquer à la guerre les Puissances de l'Entente (2). Eh bien,

(1) Cf. Albert Sorel, *les Alliés et la Paix en 1813*, *Revue des Deux Mondes*, juillet-août 1914 : Instructions à Knesebeck, 31 Déc. 1812.

(2) Déjà M. J. Herbette, dans l'*Echo de Paris* du 25 juillet 1916, après avoir noté que la *Neue Freie Presse* donnait ainsi un démenti à l'empereur Guillaume II, lequel dans son télégramme au Tzar rappelait que comme souverain il avait intérêt à la punition des complices de l'assassinat de Sarajevo, ajoutait : « M. Tittoni, ambassadeur d'Italie à Paris, a habilement provoqué un témoignage

j'enregistre la précieuse confession qui, laissant de côté l'assassinat de Sarajevo comme raison de la guerre, inflige un démenti à l'ultimatum. Ainsi donc, on accepte la thèse de M. von Jagow sur l'hostilité systématique des Puissances de l'Entente contre l'Autriche. Mais cette thèse a été réfutée de manière complète dans mon discours et, jusqu'à présent, on n'a rien pu opposer à mes raisons.

La *Neue Freie Presse* fait appel à mon témoignage au sujet des difficultés qui se rencontrèrent pour maintenir l'accord des Puissances sur le programme de désintéressement balkanique. C'est très vrai, il y eut des difficultés et très graves, mais elles furent vaincues et l'Italie, en appuyant loyalement l'Autriche-Hongrie, y contribua efficacement. Notons, d'ailleurs, que l'Autriche-Hongrie a déclaré la guerre après que ces difficultés avaient été surmontées ; ce ne fut donc pas en raison de ces difficultés. Elles

autrichien qui ruine cette légende, tout comme un témoignage allemand a ruiné la légende des avions français sur Nuerenberg. Dans le discours qu'il a prononcé à la Sorbonne le 22 juin dernier, M. Tittoni a fait le procès de la politique autrichienne. La *Neue Freie Presse* de Vienne a entrepris de lui répondre par un long plaidoyer officieux et, au cours de son plaidoyer, elle a laissé échapper ceci : Aucun homme d'Etat responsable de la monarchie austro-hongroise n'a jamais désigné l'affreux crime de Sarajevo comme le motif de la guerre contre la Serbie. — Inoubliable aveu qu'il faut verser au dossier de l'histoire ! Mais alors, si la rupture du 25 juillet 1914 n'a eu lieu ni pour cause d'irréflexion, ni pour cause d'indignation, pourquoi avoir rompu quand la Serbie s'humiliait, quand la victoire diplomatique de l'Autriche était complète ? — Parce qu'on ne cherchait pas une victoire diplomatique, mais une victoire militaire. On voulait la guerre et on ne la voulait pas à Budapest ou à Vienne seulement : cela n'aurait pas suffi. On la voulait à Berlin. »

avaient surgi uniquement au sujet de l'Albanie et du Monténégro ; or, l'Autriche a déclaré la guerre... à la Serbie ! Ainsi donc aucune excuse, aucune circonstance atténuante pour la grande coupable !

La *Neue Freie Presse* affirme que l'Autriche, au début de 1913, fit des propositions concrètes à la Serbie au sujet des concessions de nature économique qui devaient être la base de rapports amicaux réciproques. Le journal prétend que je dus en avoir connaissance. Eh bien, non, et encore non ! L'Autriche ne proposa rien et je n'eus connaissance de rien. J'ai sous les yeux toute ma correspondance à ce sujet avec le marquis di San Giuliano ; il en résulte que le comte Berchtold, après nous avoir manifesté son intention de demander à la Serbie des concessions économiques, ne passa jamais aux réalisations ; de mon côté, dans plusieurs télégrammes adressés au marquis di San Giuliano, je me lamentais de cette omission qui donnait aux rapports entre l'Autriche et la Serbie un caractère de dangereuse incertitude.

La *Neue Freie Presse* ne peut rien opposer aux déclarations du comte Berchtold qui, en 1913, parlant devant les Délégations, rendit hommage à la politique de l'Angleterre et de la Russie vis-à-vis de l'Autriche ; elle se borne à faire des objections à ce que j'ai dit de la correction de la politique française à l'égard de l'Autriche ; elle prétend que le témoignage du comte d'Aehrenthal, invoqué par moi, est trop ancien et que la France depuis lors a bien changé et est devenue belliqueuse. Soit, je consens à plaider la cause : *Neue Freie Presse* de 1914 contre *Neue Freie Presse* de

1916. Dans le numéro du 12 mars 1914 sont mis en lumière, d'une part l'éloge fait par le ministre français Doumergue de l'empereur François-Joseph et de la politique autrichienne, d'autre part la froideur des expressions employées par le comte Berchtold à l'adresse de la France, tandis qu'il avait parlé avec chaleur de l'amitié austro-russe. On lit ensuite : « La France aurait mérité des expressions plus chaleureuses. Un Etat dont les intérêts ne se heurtent aux nôtres en aucun point du monde aurait dû être traité avec la plus grande délicatesse. » Puis, après avoir dit que le malheureux antagonisme entre la France et l'Allemagne était étendu à l'Autriche par une partie de l'opinion publique française et que, par conséquent, « les paroles chevaleresques du ministre Doumergue doivent être accueillies avec reconnaissance », le journal concluait par ces mots qu'il est vraiment bien regrettable d'avoir vus complètement oubliés à quatre mois de distance : « A part une petite équipe de chauvins, personne, dans la Monarchie austro-hongroise, n'a l'intention de provoquer un incendie mondial. » Par malheur, dans l'intervalle de quatre mois, la petite équipe de chauvins austro-hongrois devint légion !

Conclusion

La prolongation, à travers des phases sanglantes, de cette guerre terrible donne du caractère de vivante actualité à une pensée de Lamartine : « Une fois le premier coup de canon tiré, un bon citoyen n'examine plus *pourquoi* ni *avec qui* il combat. Quand on n'a pas pu éclairer son pays, on marche avec lui-même à l'abîme. »

En Allemagne et en Autriche-Hongrie, les hommes politiques qui tentent des apologies, les savants qui lancent des manifestes, les partis qui s'agitent, les journalistes qui polémiquent, ne surent pas, ne voulurent pas ou ne purent pas, alors qu'il en était encore temps, s'opposer à la guerre. A quoi bon leur demander aujourd'hui de reconnaître leur tort ou d'exprimer un regret ? Le tardif repentir n'a jamais pu refaire l'histoire. Tant qu'ils sont, ils ne peuvent agir autrement qu'ils ne font : « marcher avec leur pays jusqu'à l'abîme. »

Abîme pour eux, résurrection pour les autres !

Les Puissances qui ont proclamé avoir entrepris cette guerre pour la liberté et pour la justice ont assumé, en face du monde civilisé, l'engagement d'assurer le triomphe de ces principes. Toutes les nationalités qui ont connu l'angoisse des dominations étrangères attendent l'heure de la libération dont elles ont entendu sonner les premiers coups. Parmi toutes les idées exprimées dans mes discours, ce passage de mon discours au Trocadéro reçoit des derniers événements un singulier relief : « L'Autriche a manqué de prévoyance. Elle n'a pas compris qu'en entraînant imprudemment l'Europe entière dans une épouvantable conflagration par laquelle tant de ruines s'accumulent et le sang d'une génération entière est versé, elle venait nécessairement de soulever partout le grand problème des nationalités opprimées, que le désir général de la conjuration de la paix avait délibérément fait mettre de côté depuis tant d'années. Elle n'a pas compris que ce problème, une fois posé, ne comportait qu'une seule, fatale, inéluctable solution : la rédemption !

TABLE DES MATIÈRES

	Pages
Préface	5
Discours prononcé au Trocadéro le 24 juin 1915	13
Conclusion du discours prononcé au Conseil Général de Rome le 16 février 1916	27
Discours prononcé à la Mairie de Nice le 20 février 1916	29
Discours prononcé à la réunion de la ligue franco-italienne à Paris le 29 avril 1916	35
Discours prononcé à la Sorbonne le 22 juin 1916	41
Lettre à M. le Sénateur M. Ferraris, directeur de la *Nuova Antologia*	67

BLOUD & GAY, Editeurs, 7, place Saint-Sulpice, Paris (6ᵉ)

"PAGES ACTUELLES"

1914-1916

Nouvelle collection de volumes in-16 — Prix : 0 fr. 60

- Nº 74. **Réméréville,** par Charles BERLET.
- Nº 75. **De l'Yser à l'Argonne,** par Charles DANIELOU.
- Nº 76. **Journal d'un officier prussien,** par Henry FRICHET.
- Nºˢ 77-78. **La Belgique boulevard du Droit,** par Henry CARTON de WIART.
- Nº 79. **Le général Leman,** par Maurice des OMBIAUX.
- Nº 80. **Une théorie allemande de la Culture.** *Ostwald et sa Philosophie,* par Victor DELBOS.
- Nº 81. **La Défense de l'Esprit français,** par René DOUMIC, de l'Académie française.
- Nº 82. **La Représentation nationale au lendemain de la paix.** *Méditations d'un Combattant.*
- Nºˢ 83-84. *Une Victime du Pangermanisme.* **L'Arménie martyre,** par l'Abbé Eug. GRISELLE.
- Nº 85. **Les Mitrailleuses,** par Francis MARRE.
- Nº 86. **France et Belgique.** Ce que les Allemands voulaient faire des pays envahis. Ce que nous ferons d'eux, par M. des OMBIAUX.
- Nº 87. **Lettres d'un soldat.** Léo LATIL (1890-1915).
- Nº 88. **La place de la Guerre actuelle dans notre Histoire nationale,** par Camille JULLIAN.
- Nº 89. **Du Subjectivisme allemand à la Philosophie catholique,** par Mgr du VANROUX, évêque d'Agen.
- Nº 90. **« Kultur » et Civilisation,** par George FONSEGRIVE.
- Nº 91. **Angleterre et France,** *Fraternité en guerre, alliance dans la paix,* par Sir Thomas BARCLAY.
- Nº 92. **La Hongrie d'hier et de demain,** par André DUBOSC.
- Nº 93. *Un peuple en exil.* **La Belgique en Angleterre,** par Henry DAVIGNON.
- Nº 94. **Les armes déloyales des Allemands,** par Francis MARRE.

359 — Imprimerie Artistique « Lux », 131, boulevard Saint-Michel, Paris

www.ingramcontent.com/pod-product-compliance
Lightning Source LLC
Chambersburg PA
CBHW070526100426
42743CB00010B/1971